失われた居場所を求めて

都市と農村のはざまから現代社会を透視

京都大学名誉教授
祖田　修【著】
Soda Osamu

三和書籍

はじめに―問題の所在

イギリス政府が、国民の間に広がる孤独、孤立の問題に取り組むため、二〇一八年一月「孤独担当大臣」を創設したことを、読者はご存じだろうか。私もこの報道を疑ったが、事実のようだ。

日本ではどうか。ほとんど同じことが起こっているといってよい。核家族化、少子化、高齢化、未婚化・晩婚化、離婚の増加、非正規労働の増加、貧困化、長く続いた若者の就職難等々、社会のありようは大きく変化した。その結果として、一人暮らし、一人死、無縁社会などといった言葉が、新聞・雑誌の紙面をにぎわし、日常的に使われるようになっている。統計では、三世帯に一世帯が一人暮らしで、しかも急増していくという。多くの人が縁と絆から遠く、居場所を失って、孤独の中に沈みがちなのである。それらは、農村の諸困難がもたらす地縁社会の衰退、都市では終身雇用と年功序列を基本とする日本独自の家族主義的企業経営から、徹底した競争主義への変容による、いわば「社縁社会」の衰退を背景にしていると思われる。こうした状況は、「失われた20年」と言われる長い不況の中で青年期を迎えた人たちに、とりわけ重くのしかかっているように思われる。就職に恵まれず、ニート、フリーターとなり、ついには引きこもってしまった若者たちも多い。彼らは長い非正規雇用と低賃金、多忙に耐えて生きている。いま若者の就職は好調期を迎えているが、さかのぼって二〇年の空白が埋められることは少なく、好調がいつまで続くかも不明である。

さらにはグローバル化の深化と大競争時代の到来によって、同じような孤独な空間が、世代を超え、地域を超えて浸透し広がっていることを表している。こうした状況を背景として、いじめ、ＤＶ、子供への八つ当たりや虐待、根深いねたみや恨み、高齢者の寂しさや嫉妬心による老害、ひいては麻薬へのおぼれ、性的および人間関係上のまとわりつき（ストーカー）、引きこもりやうつ病等の蔓延が見られるように思う。

孤独の効用、孤独の意義を説く人もいるが、多くの人が、互いにつながろうとし、もっと深い縁と絆を求めて日々を送っていることは間違いない。一人暮らしの寂しさに耐えるため、犬や猫を飼い、何とか受け答えしてくれるＡＩロボット犬・アイボなどを買い求め、手元に置く人も少なくない。折から混迷のイギリスに生まれたような孤独担当相を設置し、孤独の実態や本質を探り、人々をそこから救い出す政策が必要である。

農村では、若者が去り続け、高齢者ばかりが目立ち、空き家が増え、寺や神社が崩れ落ちている村が散見される。果ては、「限界集落」、「消滅自治体」など、心理的に地域を追い詰めてしまうような言葉が行き交っている。座して死を待つことはできない。地方はいま、全精力を投入して、再生の道を探っている。

都市では、村なら一〜二軒の敷地の場所に、高層マンションがそびえ、数百の世帯が住む。互いに声をかけあうことも少なく、共稼ぎが多く、皆忙しく会社に出かけ、夜は寝るためにだけ帰ってくる人も多い。子供たちはしばしば置き去りにされ、「孤食」(一人食)や「かぎっ子」の日々を送る。すれ違いが多くなって離婚率も高まり、金銭だけでなく暮らしの貧困な家庭や児童が増えている。六〜七人に一人は食事もままならない子供たちがいるという。この豊かな時代に若者に仕事がなく、多くの子供がまともな食事や暮らしができないなど、何ということであろうか。

村にはかつて、都会で居場所を失った弟妹たちを再び村に迎え入れ、再起の道を支援する麗しい故郷の論理があった。しかし村の力はすでに萎え、かつてのような故郷であることはできず、あるいは故郷であることをやめてしまった。農村は、高度成長下で子供たちが後れを取らないように、細い脛をますます細くして高校・大学と高い教育費を負担し、高度成長を下支えしてきた。にもかかわらず、いま村は消滅の危機にさえ直面している。残った者にとっても、出て行った者にとっても、故郷の影は薄く、幾重にも〝故郷喪失の時代〟を迎えているのである。

私たちは、長い歴史の中で、血縁（狩猟・採集社会）―地縁（農耕・牧畜社会）―社縁（企業中心社会）と、それぞれの縁を結び、居場所を確保して進んできたが、いまや血縁は分散し、地縁は薄くなり、社縁からは多くの人がはじき出されている。現代という変動の激しい、多様で複雑な社会の中で、心安らぐ居場所、私たちの故郷はいったいどこにあるのだろうか。

そしていま、物・人・資本が容易に国境を越えて激しく流動するグローバル化の時代を迎えている。また私たちは一生のうちに、進学だ、転勤だと移動を繰り返し、住まいも国内外を問わず幾度も変わる。私自身、故郷を去ってから、国内外を含めて一五回も転居してきた経験がある。いわば私たちは、激しい移動社会に生きており、そこでは、縁や絆はますます細く途切れがちとなる。

そこに現れたのが、時と場所を問わず、瞬時につながりあえる〝情報縁〟とでもいうべきＩＴの世界であった。私たちは、あっという間に厚みを増し普及した情報技術に驚き、その便利さと縁の広がりに歓喜した。だがそれは、基本的にバーチャルな世界であり、生身のものではなく、多くは表面的な薄い縁に終わり、しばしば「つながり孤独」（ＮＨＫテレビ二〇一八年七月二五日）に襲われる。時には虚偽や詐欺にも見舞われる。

いまや情報技術は日進月歩でますます高度になり、ＡＩ、ＩｏＴなどで人間生活は想像を超える速さで変化しつつある。あらゆる側面において、機器が人間の能力を超えるかもしれないという高度情報社会は、もはや目前となっている。私は、人類のたどった「縁と絆」の後を追いながら、次なる高度情報社会ないしは汎用ＡＩ社会において、人はどのような状況に直面し、どのような縁や絆を結び、どのような居場所や故郷を創造していくのかについて深く考えさせられる。

　私は七〇歳で職場を去り、過疎地に二三〇坪の土地を得て、通いの畑づくりを始めた。農村に生まれ育ち、農学を修めてきた私は、何事か役に立つことはないかとの思いもあった。しかし野菜の作り方、自然との付き合い方、生活の仕方、何もかも教えられることばかりで、「枯れ木も山の賑わい」となるのがせいぜいであった。だが、そこで私が見たのは、村の人々の懸命な農業との取り組み、家族や近隣が寄り添い、助け合って暮らす村の姿であった。またそこでの、静かなしかし力強い田園回帰の流れと新たな故郷創造の動きは、私には大きな驚きであり、喜びであった。

　私は一九三九年に島根県東部に位置するごく平凡な村の農家に生まれ、わずかながら戦争を体験し、農地改革をはじめ戦後の農村の変化を見てきた。そして一九五九年に村を去って京都の大学に進み、東京でしばらく暮らしたのち、再び京都に戻り高度成長期の発展、石油危機やバブル崩壊、リーマン・ショックなどを体験し、しだいにグローバル化する経済社会の過程を目撃してきた。若い日にはドイツに一年滞在し、夏休みには欧州諸国を旅した。アフリカにも四回訪れ、延べ三か月ほど滞在した。これまでの私の人生は、戦後史の具体的なひとかけらと言えるかもしれない。私は自身のささやかな体験を生かしながら、目を研ぎ澄まし、都市と農村、農業と工業のはざまから、私なりに現代社会のありようと、今後の社会や私たちの居場所について、やや広角度の視点から考察してみたいと思う。

目次

第1章

経済の波動に翻弄される若者たち
——社縁社会における居場所の喪失

戦後、日本は敗戦の混乱を乗り越え、高度経済成長へと向かう。そして世界第二の総生産を誇る経済大国となり、「世界の工場」とさえ呼ばれ、アメリカでは『ジャパン・アズ・No.1』という著作さえ現れた。血縁社会、地縁社会、社縁社会と進んできた長い人類史の中で、日本はついにその頂点に立ったというのである。ここで社縁社会とは、株式会社組織を基盤とし、工業生産を中心として発展する社会をいう（『同時代の人類学』）。しかしやがて、環境問題、大都市集中とりわけ東京への一極集中の歪み、過疎・過密問題などに直面し、石油危機やバブル崩壊、リーマン・ショックなどを経て、およそ二〇年にわたる長い停滞期が続いた。これほど物質的に豊かな時代はなかったはずなのに、今貧困や格差が広がり、そのしわ寄せはとりわけ若者たちに降りかかってきた。戦後の高度成長とそれを支える社縁社会は、事実上農村を足掛かりに、そして低迷期は若者を踏み台に展開してきたとは言えないか。

社縁社会は、今のっぴきならぬ諸問題に直面しているように思う。就職低迷期の多くの若者たちがまともな職のないまま社縁社会の外に放置され、子供たちの六〜七人に一人が食事もままならないといわれる。都市でも農村でも一人暮らしの高齢者が増え、若者の未婚、晩婚、離婚の増加が取りざたされ、少子高齢化や孤立、孤独、分断といった言葉が、新聞の紙面をにぎわしている。

文明・文化の進歩などとは程遠い。まさに多くの人々が、居場所を失った無縁社会、孤独の世界に生きているというほかはない。現代社会は、その発展の極において、人間の運命そのもののゆくえを問われているように思われるのである。

1　高度成長下の若者たち

大都市へと向かう若者たち

高度成長期の若者たちを中心とした大都市への人口流出は、「地すべり的」といわれる怒涛のような流れとなった。(『農村は変わる』)。

人は東京へ、大阪へ、名古屋へとなだれ込み、ほとんど制度化していた長子相続性は完全に変わり、長男が真っ先に飛び出してしまうような時代となった。図1―1のように、しだいに東京の肥大化はとめどないものとなり、いわゆる人口、政治、経済等の大都市集中、次いで一極集中化が進み、地方は激減、大阪は微減、名古屋はほぼ横ばいで、地域ごとに見れば県庁所在地への集中も進んだ。

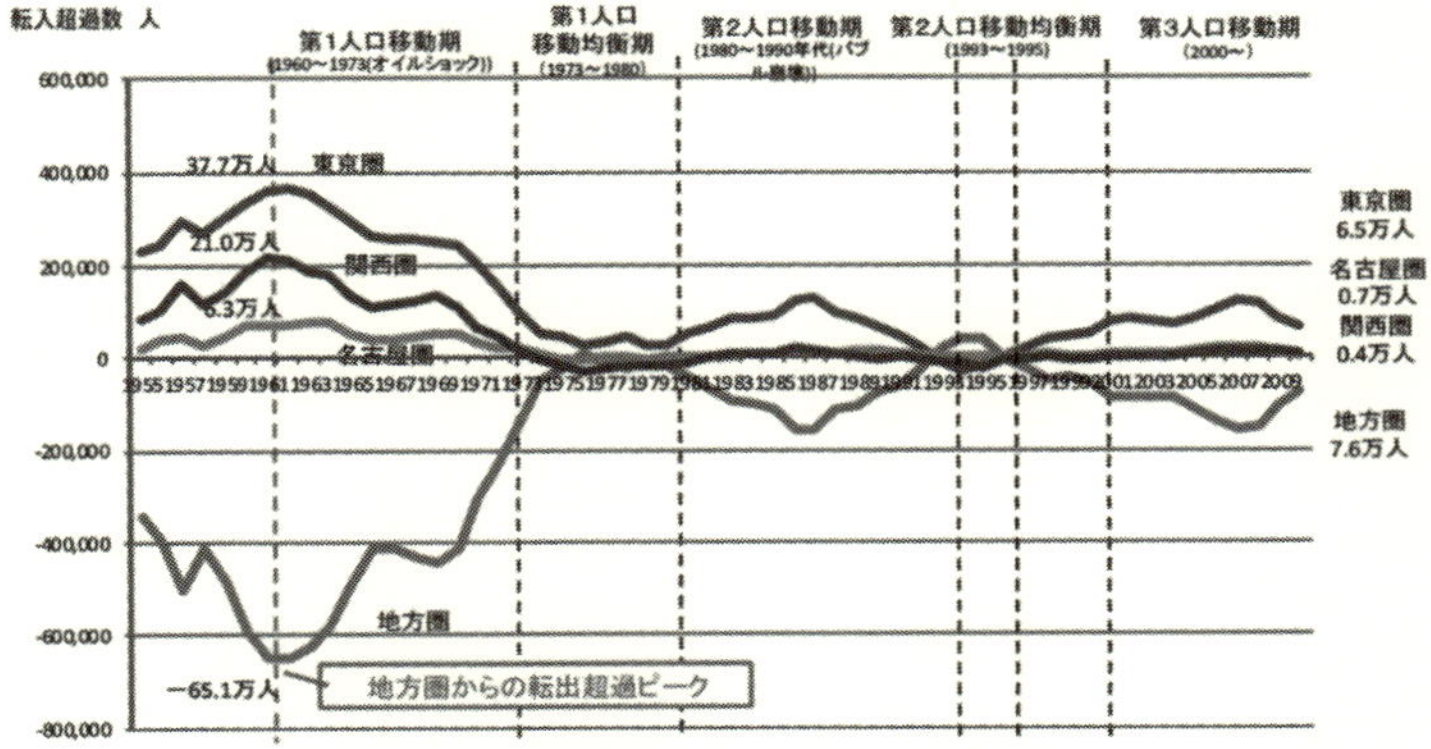

図1―1　三大都市圏及び地方圏における人口移動の推移

出典）日本創成会議・人口減少問題検討部会「ストップ少子化・地方元気戦略」2014年　5頁

東京の場合、流入最大時には、毎年二〇～三〇万人もの人々がなだれ込んだ。長い間東京周辺で、毎年一〇万～三〇万都市が一つずつ生まれていったことになる。そこでは道路、鉄道、水道、住宅、役所、学校や医院等の公共施設のインフラ整備が進み、限られた地域に膨大な資本が投入され、膨張していったのである。

異郷者たちの出会い――〝多郷〟の時代へ

大都市には、きれいにお化粧をし、着飾った女性たちが行き交っている。職場にも、各地から集まった女性たちがいる。そこで出会って成立するペアは、静岡と島根、愛媛と新潟というように、互いに生まれた場所が違う異郷どうしの若者たちである。多くの若者たちが、その壁を超え、相性を見定めて結婚し、家賃の高い都市で、狭いながらもささやかな愛の巣を営んだ。

だが都市では、仲人方式は一足早くすたれ、恋愛結婚が主流となっていった。親たちも、あえて口出しをする必要はなく、本人がよい人を見つけるだろうと思ってしまう。だが、縁というのは不思議なもので、簡単ではない。多ければ目移りもするし、品定めも厳しくなる。もっと相性のいい人がいるはずだと思っているうちに婚期を逃すという場合も多い。それでも、人口の都市集中化は、異郷どうしの出会いを生み、結婚することで複数の故郷を共有し、いわば〝多郷の時代〟へと向かったといえよう。

当初は方言交じりの言葉や習慣の差などが気になり、気おくれもしたが、事態は変わっていく。六〇年代にテレビが普及すると、事態は急速に変わり、方言や訛りに悩むこともなくなった。毎日テレビを見ることで、都市の暮らしや経済社会のありようが可視化され、誰でも方言と標準語を普通に使い分けることができるようになったのである。こうして都市と農村の距離は急速に縮んでいった。若者たちにとっても、都市は近くなった。テレビは異郷の壁を大きく埋めたのである。

出会いの実りを阻む人口の大都市集中

異郷どうしの出会いには、新鮮な感覚も伴い、得るものも多いが、次に述べるような難しい面もある。その実態を見ると、せっかくの出会いを実らせることのできない状況があり、難しさが増していることも確かである。

二〇一五年現在の数字だが、都道府県別の生涯未婚率（五〇歳の時点で一度も結婚していない人の割合）は、東京都が最も高く二五・二五％、最も低いのは奈良県の一四・〇八％である。概して大都市圏で高い傾向にある。また晩婚化が進み、平均結婚年齢の最も高いのは男女とも東京で、男性三二・四歳、女性三〇・五歳となっている。最も低いのは男性の場合、宮崎県の二九・九歳、女性は山口県の二八・六歳である。概して大都市圏で高くなっている。こうしたことから

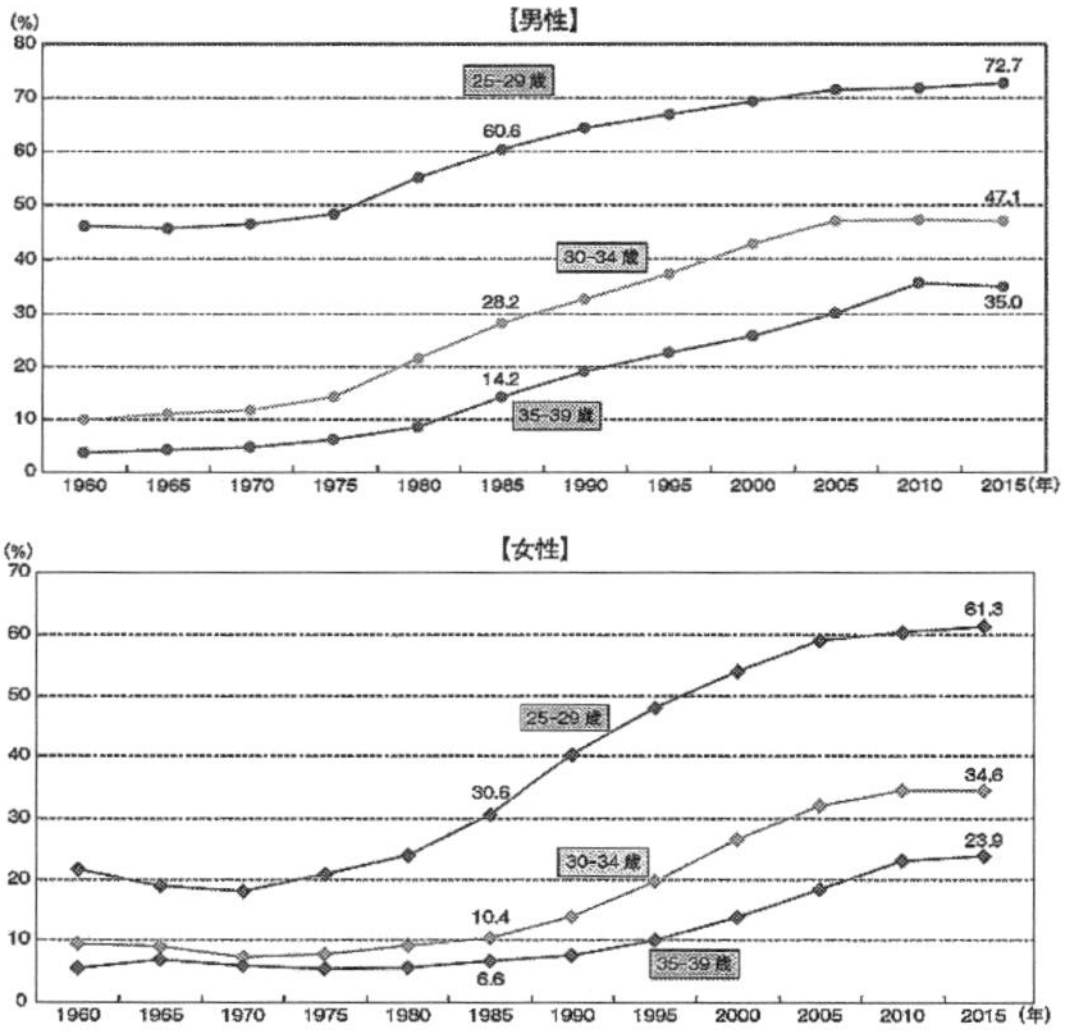

図１―２　未婚化、晩婚化の進行（年齢段階別婚姻率）
出典）総務省「国勢調査」関係資料　2017年
注）1960～70年は沖縄を除く

も、出生率は地方圏で高い。沖縄が最高で一・九四、最低は東京都の一・一七、全国平均は一・四六となっている。出産との関係で、三〇代後半段階での未婚率を見ると、男性でおよそ三人に一人、女性で四人に一人が未婚となってきている（『未婚当然時代』）。

他方離婚率を見ると、婚姻率とは関係なくさまざまだが、全体的には大都市圏で高く、地方圏で低くなっている。世代別では、若い層ほどその率が高くなっている（「厚生労働白書」二〇一三年版）。こうした背景には国民全体の結婚観の大きな変化が影響していると思われる。「必ずしも結婚する必要はない」とする人が一九八四年では三四％だったが、二〇〇八年には五九％に、「結婚するのが当たり前」とする人は、同じ時期に六一％から三五％へと激減している。ただ若者たちは内心結婚したいと思っている人が、二〇一〇年段階で男性八四・八％、女性で八七・七％

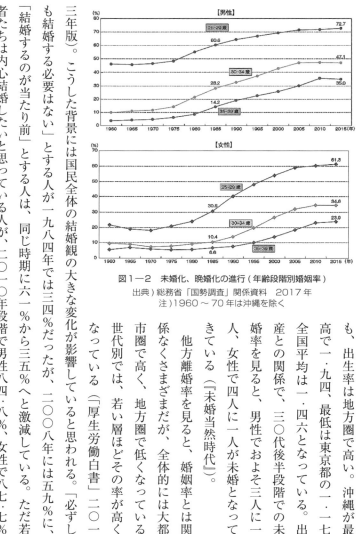

あり、決して低くはない。世間全体としては結婚にはこだわらなくなっているものの、できれば結婚したいと考えていることが窺われる。

以上のような諸状況を勘案すると、大都市圏ほど晩婚化、非婚化が進み、離婚率も高く、したがって出生率も低くなりがちである。その背景には、次に述べる「低成長期、失われた二〇年、就職氷河期」などで語られる経済の困難期、若者受難時代の到来があったと思われるが、それにしても大きな議論を呼んでいる少子化現象が、一極集中、大都市集中と連動しているのではないか。その関係性をもっと追求してみる必要がある。

農村の若者たちと「嫁不足」

高度成長期の農村に残った若者たちは、都市に去った若者たちとは全く逆の意味で、多くの困難を抱え込むことになった。

それまで、農村では交際範囲も限られているが、万人が仲人のようなもので、あそこの娘さんは気立てがよい、あちらの子息はまじめな性格だなどと情報を交換し、家族構成や性格などを見計らいながら、縁を結んでいったのである。結婚の平均年齢も二〇代前半で、よほどのことがない限り若者を未婚のまま放ってはおかなかった。私の村でも、六月の梅雨時、たいていの家が田植えの支援グループ六～七人を、宿泊、食事付きで二～三日雇う。グループには若い娘さんが多い。家族と娘さんたちが「田植え唄を歌いながらにぎやかに植えていくのである。田植えは、水源に近い山手の方から順に、川下へ、平地へと少しずつ時期がずれていくので、それに合わせてグループが作られ、移動していくのである。その数日のうちに良い娘さんを見つけ、親たちが仲介して縁が結ばれることも多かった。水田という仕事場での農村式の婚活だったといってもよい(『祖田修著作選集・4—日本のコメ問題論集』)。

農村では同居が多く、嫁・姑のいさかいも多いと考えられてきた。また農業は一時期「三K」などとよばれ、「きつい、汚い、危険」と思われていた。その後、多くの重労働や牛馬の扱いは機械化によって代替され、堆肥作りはなくなり、化学肥料などが使用されるようになって、生産過程の様相は大きく変化してきている。それでも、農村から男性を上回る女性たちが去り、お嫁さんが得にくくなった。農村の「嫁不足」が言われて久しい。

農村でも、都市と同じく未婚率がほぼ同じで、晩婚化していったが、都市とはまったく事情が異なる。家や農地、先祖代々の墓もあり、後継ぎが必要で、結婚はどうしてもしたい、させたいとの思いはあるが、女性の多くが都市に去り、相手が少なく、都市よりもいっそう切実であったと言える。そこで「親との同居はせず、若夫婦のために別棟を建てる」、「勤めに出てもよい」、あげくは「田畑の仕事はしなくてもよい」などの条件付きで、お嫁さんを迎えようとした。それでも候補者がない場合は、中国、フィリピン、ベトナムなど東南アジアからの女性を紹介してもらい、結婚したケースも少なくない。今では「どこから来たお嫁さんか」などと、あえて聞く者はいない。都市ではもちろん国際結婚はあるが、「ヨソ者」を嫌い、閉鎖的だと思われた農村が、その考え方を大きく変化させているのである。まさに内外を問わないまったく新たな血縁、地縁の時代を迎えつつあるといってよい。

若者たちが村を去り、集落の人口のうち、六五歳以上の人が過半数を占めると「限界集落」などと呼ぶ場合がある。故郷そのものの丸ごと喪失も考えられるが、まだまだ八〇歳くらいまでは元気なお年寄りが多く、地域を消滅させたくない、何とかしたいと苦吟している村が多いのである。都市も農村もそれぞれの事情を抱え、高度成長によって物的な豊かさは高まったものの、血縁、地縁、社縁の各側面において、問題はしだいに深刻化しているのである。社縁社会は、その表出するものは異なるが、都市・農村を表裏一体のものとして変容させているのである。

2　社縁社会からはみ出す若者たち—〝失われた二〇年〟と居場所の喪失

高度成長の終焉と若者たちの受難

これまで述べたような、大都市への人口集中の動きの中での農村地域の衰退、大都市内に蓄積された多くの問題が、バブル崩壊以降一気に加速し表面化してくるのである。

さまざまな問題や困難があったとはいえ、高度成長期には、まだ終身雇用、年功序列を基本とする正規雇用が多かった。給与も毎年一〇％前後、低成長に移行した後も少しは上がり、豊かさに向かって進んでいるという上昇感があったので、何とか耐えることができた。しかし一九九〇年代のバブル崩壊期以降、ゼロ成長、時にはマイナス成長となった。さらに二〇〇八年以降は、いわゆるリーマン・ショックで、就職難に加えて、給与は下がりこそすれ上がることは期待しにくくなった。いわゆる「失われた二〇年」が、真正面から、国民とりわけ若者たちに重くのしかかった。

中・高卒生はもちろん、大学を卒業してさらには大学院で研鑽を積んできた多くの若者たちが就職できず、留年して翌年にと賭けてもなおいっそう競争は激しくなった。およそ若者に仕事がないなど、社会にとってこれほど深刻で、希望を失わせる事態はない。この時期、就職に恵まれなかった若者たちは、①ニート（一四～三四歳、広義には三九歳までの若年無業者＝就業、就学、職業訓練のいずれもしていない人）や、②若年フリーター（一五～三四歳の若年層で、パート・アルバイトおよびその希望者）となり、さらには絶望して、③引きこもりなどに落ち込んだ。もっともこれらの中には、資格取得や留学を目指す人など就学・就職準備中の人も含まれている。

企業中心社会である都市の中で、企業からはみ出してしまえば、人は生きられない。すでに村を去った若者たちに仕事がなく、もはや故郷に帰ることもできず、就業先がなければ居場所もなく、本人はもちろん国にとって危機的状況というほかはない。

二〇一七年内閣府調査によれば、図1－3のように、①ニートは、一九九六年から増加し始め、二〇〇二年以降八〇万人前後で推移している。②フリーターは、一番多かった二〇〇七年の二一七万人から二〇〇二年以降やや減少気味だが、二〇一六年になお一五二万人に達している。③ニートあるいはフリーターから、ついには引きこもってしまった若者（一五～三九歳、広義）は、二〇一五年で五四万人いる。

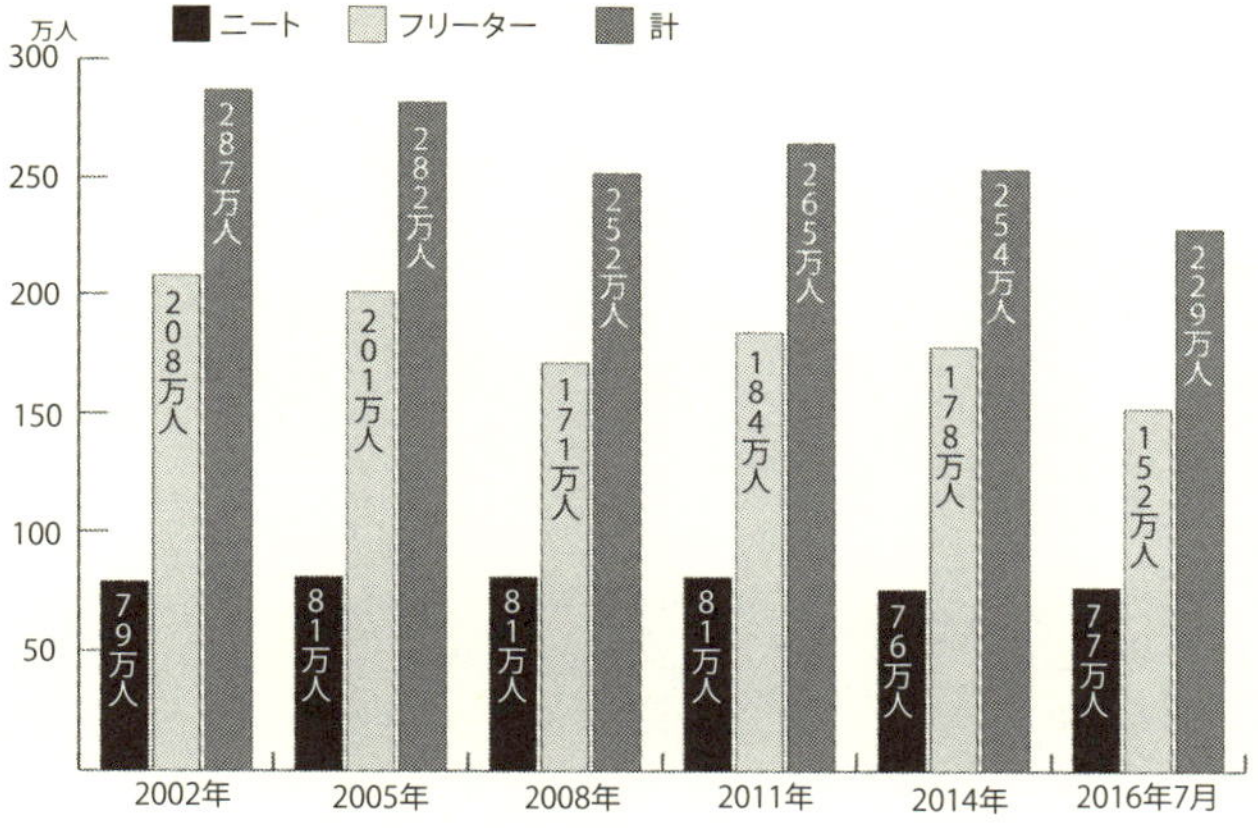

図1―3　若年層のニート、フリーター数の推移

注1）内閣府調査・2017 年、の数字を基に作成

注2）2016、7 年の場合、ニートは 2016 年、フリーターは 2017 年の数字。またニートは 15～39 歳、フリーターは 15～34 歳。引きこもり 2016 年に 15～39 歳で 54 万人

前記三つのどれかに属する若者たちは、二〇一五～二〇一六段階で、合計二八六万人に達するという驚くべき数字が並ぶ。こういう状態の中で、教育内容よりも就職率によって大学を宣伝し、またそれを選ぶという、まことに悩ましい現象が教育界を覆ったのである。

安定した就業先が見つからない中で、非正規

雇用労働が増えていった。最低限の賃金を得て、ただ日々を生きているといった人たちが多く生まれたのである。

引きこもりもしだいに高齢化しており、総務省推計（二〇一八年一二月現在）では、四〇～六四歳のそれは六一万人に達している。こうして若者たちの多くと高齢者が社縁社会からはじき出されているといってよい。

大学院進学者の苦難

私は、二〇一〇年に大学の職を退いたが、学部学生はもちろん、大学院生はいっそう就職に難渋した。大学改革と称し、一九九〇年代半ばから多くの大学で学部学生数と変わらないほどの院生募集が一般化した。大学名もこぞって〇〇大学院大学と変えた。経済不況による七〇％程度の就職率の中で、当面の遊水池、不満解消策として、大学院化と院生増募がなされたのではないかと、うがった見方をする人もあった。結局のところ、大学院修士号、さらには博士号を取っても、大学や研究所への就職は少なく、多くが学部卒業生と競合して一般企業の門をたたくしかなかった。

一方、大学も大学間競争、予算減少や学生数の減による経営難から教員数を減らした。多くの私学では、あふれている大学院修了者たちを時間給で非常勤講師として雇い、授業時間を埋めた。

また人員削減の中で、新たな研究分野が生まれ、助教等若手教員ポストが新分野の教授・助教授ポストに転用されたりした。他方、教員の採用方法も、急速に公募方式に変わり、しかも、三～五年といった期間限定付き採用となった助教ポストに、時には数十人という大量の院生が押しかけ応募した。こうした中、いわゆる「博士浪人」が多く誕生した。私も多くの優れた院生を抱えながら、一人でも多く博士号を取得できるよう努力したが、ごく少数しか就職の世話をすることができなかった。

まさに世間でいう「就職氷河期」における若者受難の時代であった。それが今も、絶望につながりかねず、大きな問題を生んでいるとの報道が、なされている。実績もあり、優れた研究者であった西村玲という女性が、二〇回に及ぶ教員募集に応募したが就業の場を得られず、結局は自死に追い込まれたという記事に、私は心を痛めた（「朝日新聞」二〇一九年四月一八日）。

現在大学の教育科目のうち、約半数が非常勤の担当というすさまじい状況の大学も多く、また常勤でもそのうち四分の一は任期付きである。その勤務時間も金銭的余裕もなく、心休まらない研究者が多くいる。会議や入試の業務も増え、事務職員も削減されたので、事務的な仕事もこなさざるを得ず、常勤教員も非常勤教員も多忙の中にあり、日本の高等教育および研究は、まことに困難な状況にあると言われている。

社縁社会から遠くなる若者たち

二〇一六年頃から就職難の時代は終わりつつあるように見える。むしろ人手不足が深刻化している。しかし図1―4のように、非正規雇用は減らず、賃金の上昇もわずかである。家計費の追加と短時間勤務を希望し、むしろ非正規雇用を選ぶ人もいるが、多くは正規雇用や賃金アップを望む人たちなのである。

その背景には、失われた二〇年という長い困難な時代を経て、前述したように、①取り残された多数のニート、フリーターの人たちがいること、また②安い賃金での定年の延長、③「女性活躍社会」の推進で、女性に社会進出が増えたこと、④安価に雇える外国人労働者の導入が本格化してきた

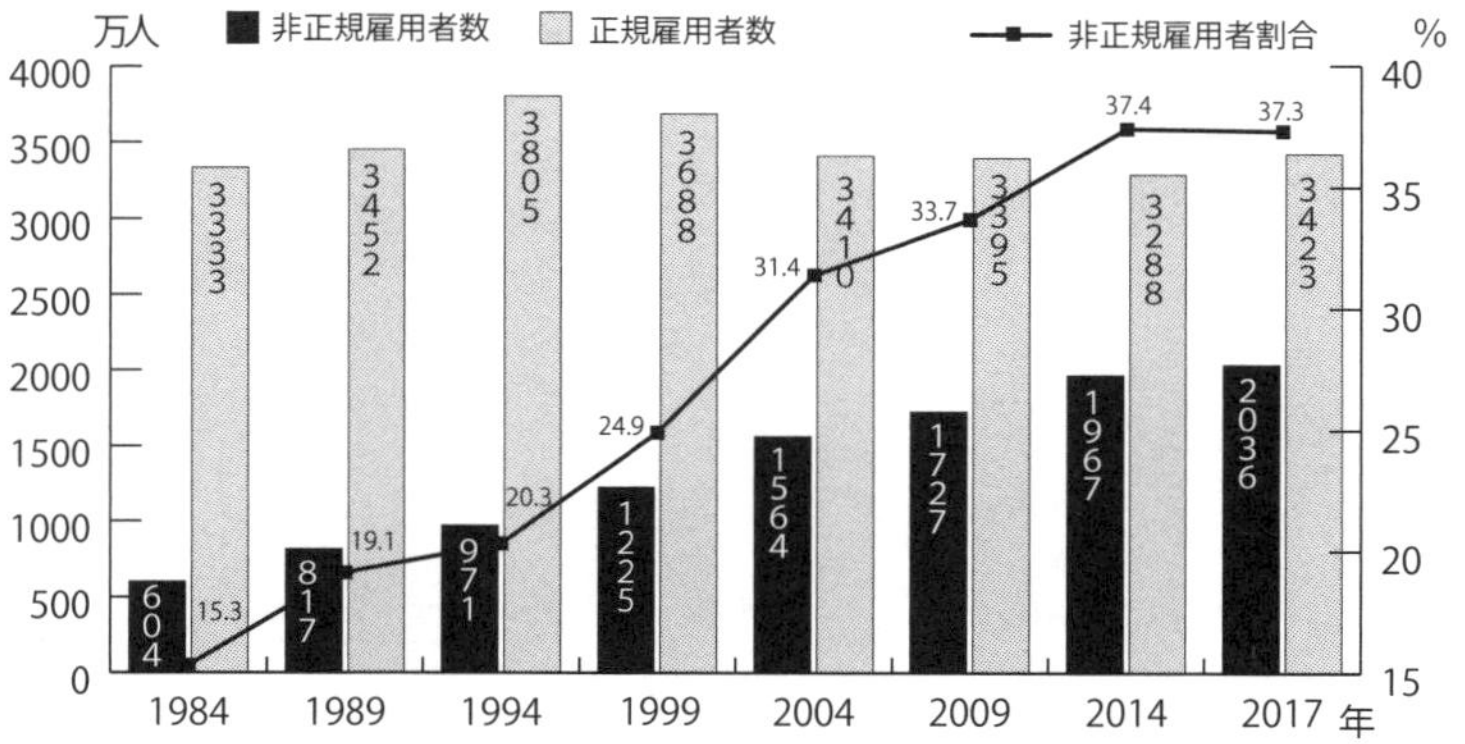

図1―4　非正規雇用の増加

注 1) 総務省「労働力調査 (特別調査＝ 1999 年まで) 及び「労働力調査 (詳細集計＝ 2000 年以降)」の数字を整理して作成

注 2) 正規雇用労働者は勤め先の呼称が「正規の職員・従業員」の者、非正規労働者は勤め先の呼称が「パート、アルバイト、派遣社員、契約社員、嘱託など」の者

注 3) 2017 年の非正規雇用労働者は、パート 997 万人、アルバイト 417 万人、派遣社員 134 万人、契約社員 291 万人、嘱託 120 万人、その他 78 万人

注 4) 非正規雇用労働者は、特に若年層に多い

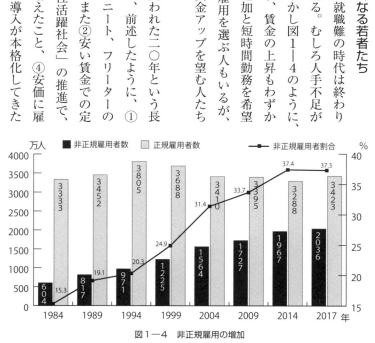

こと、⑤「同一労働同一賃金」の考え方で、賃金のあがる人もいるが、賃金全体に低位平準化の力が働いていること等々、かつての「賃金の下方硬直性」（下げにくい、あるいは下がりにくい力が働くこと）ならぬ「賃金の上方硬直性」ともいうべき現象が起こっているのである。他方、新聞報道によれば、二〇一七年の企業預金は史上最高の二二一兆円に達する状況であったが、企業も世情の変転きわまりない状況に備えが必要との考え方が強く、人件費（労働分配率）は極めて低くなり、その後も横ばいないし微増で推移している。今社縁社会には格差拡大や低賃金層の固定化など、深刻な現実があるというほかはない。

受難に耐える若者たち

一般に若者たちは、大学に入ったのちもアルバイトに追われる者が多い。奨学金を受ける学生もいるが、数百万円という返済のために、卒業後も耐乏生活を送らざるをえず、結婚もままならない。返済不要の貸与型奨学金制度も構想されているが、どの程度問題が解消されるか、まだ定かではない。就職後、一部では使い捨てのような働き方をさせられるといった社会問題が起こることも少なからずあった。

こうした長い「失われた二〇年」時代の過程の中にあった若者たちの問題に注目する藤田孝典は、『貧困世代』の中で、これらの若者たちを「ロスト・ジェネレーション」と呼び、「大人は若者の現実を分かっていない」、「若者たちは過去においても、またこれからも貧困を抱え込んでおり」、そもそも「結婚・出産なんて贅沢」なのだと訴えている。

先にも触れたように、大学院を終え、博士号を取ったかなりの院生たちが、狭い下宿での生活を続け、大学の非常勤講師を務め続ける生活に耐えているのである。大学教育に当たってきた者にとって、これほど無力感に胸を締め付けられる現実はない。

生活者の現実に目を注ぐ堀好伸は、『若者はなぜモノを買わないのか』の中で、現代の若者は欲望に控えめで、「本当に必要なのか」と問い、「別に欲しいものはない」と考える。それは「彼らは生まれた時から一度も好景気を味わったことがなく、デフレ社会の中で、安くて良質なものを手軽に手に入れられるのが当たり前として育って来た。そんな〝U二六世代〟（著者の想定は、首都圏に住む二〇～二六歳の独身男子）は、基本的に満足度が高く、誇張ではなく、本当に〝欲しいもの〟が想像できないらしい」などと述べている。現代の若者は、ファッション、車、外食などへの消費は減り、SNSなどで「いいね」を多くかちとる「承認欲求」（諸富祥彦）に満足を求めるものが多く、「私欲のしぼみ、持たぬ生活」に傾いている（「日本農業新聞」二〇一八年一月一日）。

堀は、興味深い図1―5を紹介している。それによれば、恋愛よりは他にやりたいことが多く、かなりの者が趣味のためにはカネを惜しまないが、それ以外には、時計は「時間がわかればいい」、部屋は「住めればいい」といった、モノ過剰、モノ氾濫の時代にあって、あるいは耐え、あるいは達観し、「……ればいい」人生を送らざるを得ないと言えるのかもしれない。ただ、一八～三九歳の未婚者に対する調査では、男女とも九割弱（男性で八四・八％、女性で八七・七％）が「結婚願望を持っている」一方、「異性の交際相手も友人もいない」男性は六二・二％、女性は五一・六％になる。やはり、失われた二〇年の時代を生きた若者たちは、欲しいものが想像できないのではなく、また結婚願望を抱えながらその条件が満たされず、物への欲望を抑え込み、趣味などに力を入れ、あるいはそこに逃れ、忍耐強く生きているのだといえよう。

　世界的大競争時代と雇用関係の変化の中で、苦しみ、疲弊し、離職・転職していく若者も少

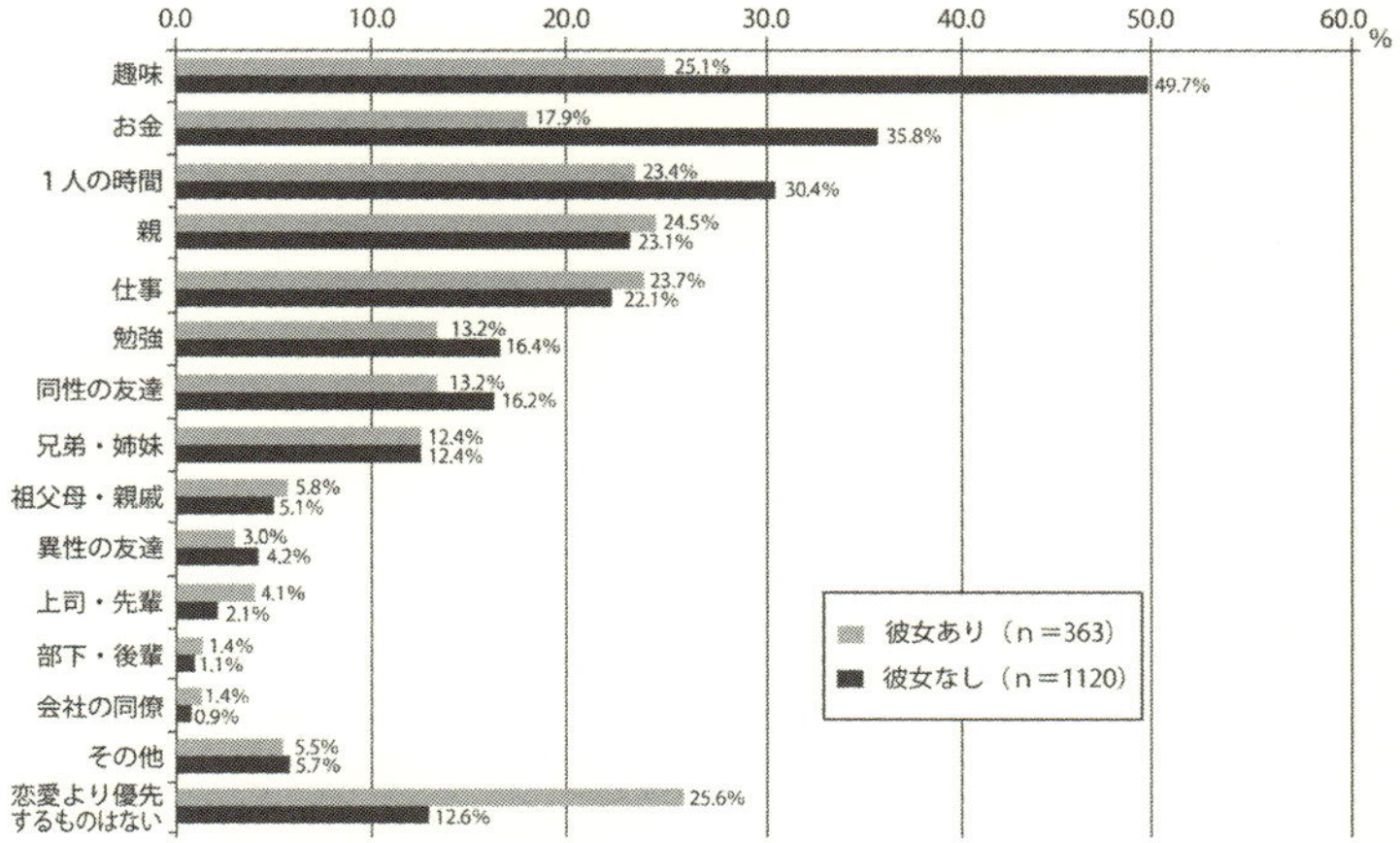

図１—５　恋愛より優先するもの

出典）掘好伸『若者はなぜモノを買わないか』青春出版社　2016 年　45 頁
注）リサーチ・アンド・デベロップメントK.K.,「恋愛に関する意識調査」からのデータ

なくない。また経済波動の波間に取り残され、非正規雇用や低賃金に将来の展望を開けず、居場所を失っている若者が多いのである。若者たちは、この後、どこに、どのような居場所や希望を求めていくのであろうか。このところ、人手不足が語られ、若者の就職状況は売り手市場となって、大幅に改善されている。就職氷河期にはじき出された若者たちにも、正規雇用化の可能性も高まっているが、大幅に改善され、まともな出番が回ってくる見通しは立ちがたい。

このような非情な社会を見ながら、後に述べるように、都市から農村へと向かう、若者の田園回帰の流れが起こっているのではないかと思われる。新卒の若者たちの間に、社縁社会への失望と疑問が沸き起こり、農村に居場所を求めようとする新たな流れが起こっているように思われるのである。

子供たちを追い込む現代社会

また、離婚率が高まり、とりわけ子供を抱えた女性が陥りやすい貧困家庭が増加している。現在子供の六〜七人に一人が食事もままならず、しかも共稼ぎも増え、ひとり食卓に向かういわゆる「孤食」や朝食抜きの子供が多く、「かぎっ子」ともなっている。いわば居場所のない子供が多くなっている。現代は、少子化というだけでなく、さまざまなしわ寄せが子供たちに向かっているといえよう。

そうした子供たちのために、誰彼を問わない「子ども食堂」を用意し、他にも子供科学教室、河川敷に川の駅・子供の遊び場等を創り、定年後の日々を子供たちのために尽力している岡田さんという方が、私の近所にいる。その岡田さんから、近況を知らせるメールが届いた。今の子供たちは〝欲ない、夢ない、やる気ないなので心配だ〟と堺屋太一氏が言っていたが、思い当たる節もあるといった内容であった。なるほど、そうかもしれない。囲碁や将棋、フィギアスケートや卓球など、少年少女の天才的な活躍も多く、一概には言えないが、少子化時代の一面であろう。

私たちの少年時代に比べれば、今はテレビ、絵本、雑誌、漫画、そしてさまざまな情報機器を通して、数百倍、数千倍の情報が、子供たちの周辺に転がっている。また近くにスケート場やゴルフ場、囲碁・将棋センター、学習塾をはじめ各種の塾がある。子供たちが賢くなり、知識が豊富になり、とんでもない才能を発揮する子が出るのもうなずける。しかしその背後や周辺にさまざまな状況の変化も生じているように思う。それは、少子化、高齢化、核家族化、共働きの増加、未婚の増加、晩婚化、離婚の増加、その結果としての子供たちの問題等々である。「団塊の世代」といわれる人たちまでは、兄弟姉妹の数が三～五人と多く、お菓子の取りあいや喧嘩もする、助け合いや思いやりの心も学ぶ。学校に行けばその延長上に、同じ仕方で仲間ができた。しかし今は、一人っ子が多く、素直な子、いい子は育つが、競争心や妥協の仕方、少々のことでくじけない強さなどは育ちにくいかもしれない。

　また、郷里を離れ大都市に出て結婚したものの、共働きが多く少子化が進み祖父母が子供を見ることもなくなった。晩婚化や未婚の増加、離婚の増加、20年近くも続いた若者の就職難や非正規雇用の増加も、少子化が進み、子供たちが追い込まれる要因となっている。保育園も十分でないというだけでなく、家計が苦しくてそこに入ることを希望することさえできない子供たちが沢山いる状況がある。離婚したり、非正規雇用で低賃金、共働きであったりすれば、子供たちは放り出されてしまうことになる。そこに善意の人たちが乗り出しているのである。終戦後の食糧難の時代ならともかく、これだけ経済が発達し、物があふれ、豊かな時代になったのに、なんということであろうか。幸い農村では食事のままならない子供など少ないであろう。最近幼児教育の無償化へと政策が進んだのは歓迎される。

　一人っ子なら大切でかけがえがないのだが、他方で期待も大きく、一つ間違えば大人の苛立ちや焦りをまともに受けて、虐待ともなりかねない。親の行き過ぎをいなして、子供の駆け込み寺となる祖父母も、はるか郷里で寂しく暮らしており、盆暮れを待って会えるだけである。一人暮らし世帯は都市でも農村でも急速に広がっており、孤立し、孤独に暮らす人々は三世帯に一世帯の割合となり、遠からず四割を超えるという。これは世界的な傾向で、最近イギリスでは「孤独担当相」なるポストが作られ、市民の孤独な暮らしをどう考え解決していくか、大きな課題となってきているのである。社会からはじき出されている人々は、決して子供たちだけでなく、多くの大人たちが居場所を失い、絆を失っている。むしろ子供たちの状況も、そこに起因しているものが多いといえよう。大人たち自身が、自らが生きることに忙しいことも背景にあるのではないか。

こうした子供たちに対し、ともに食事をする「子ども食堂」といった支援提供施設が全国的に増えていることは、人々の好意や暖かさの表れといえる。ただ、「あの子たちは貧困児童」といった視線が注がれる可能性があり、未来を背負う子供たちの心に癒しがたい深い傷を負わせることも考えられる。岡田さんのように、「どの子も同じように集まろう」いう活動も生まれている。この問題の根本的解決のためには、どの家庭も普通の生活が可能な所得水準にするか、給食費を公的負担とするか、何らかの費用補てん政策が必要と思われる。他方で飽食、美食、やや過剰と思われる「賞味期限」反応の陰で、二〇一七年の日本の食料廃棄量は六四六万トンに達している。同年の日本のコメ生産量七八二万トン、小麦の輸入量六五〇万トンと比べればその膨大さがわかる。アメリカでは、過不足の間をつなぐ企業が生まれているとの報道があるが、日本でも早急に対策をとる必要がある。

いずれにしても若者や子供たちに負担を強いる社会状況があることは否定できない。

3　新たな縁と絆への願望

社縁社会の変化と「無縁社会」化

すでに述べたように、東京圏はじめ大都市圏では、非正規雇用労働者の増大、低賃金雇用の一般化、長時間勤務の常態化等々が現実となった。そのしわ寄せは若者層に集中し、未婚、晩婚、離婚などが進み、少子高齢化を加速させている。出生率は東京で最も低く、他の大都市がこれに続くという実態がある。これらの状態は、グローバル化、外国人労働者の増加のもとで、大きく改善される可能性は低い。これらの実情をひとことで言い表せば、社縁社会の行き詰まりである。

社縁社会は、株式会社をはじめとする企業社会が発展する中、そこに雇用された人々が安心・安定して生活を営み、その居場所となるはずであった。グローバル化の時代が訪れ、そこでは資本、人、商品が国境を越えて大量に流動する移動社会であり、世界的大競争時代となっている。そして日本における終身雇用や年功序列の家族主義的な社縁のありようは、しだいにゆるみ限界を見せつつあり。ＡＩ技術をめぐる競争は、それをいっそう加速させるであろう。多くの人々が、社縁社会からはじき出されていくのである。一人暮らしや核家族が増えて、人々は血縁からも遠く、都市には農村のような地縁社会もない。いわば多くの人が、居場所のない「無縁社会」あるいは「薄縁社会」に生きているといえよう。

人は縁もなく絆もなく、根無し草のように生きていくことは難しい。

そこで人々は、物的豊かさから心の豊かさに進むことで確かな自己を回復しようとした。とりわけ若い人たちにとって、救いとなったのは進みゆくＩＴ技術に依拠する〝情報縁〟ともいうべき新たな縁に救いを求めることであった。

物の豊かさから心の豊かさへ

長い間、「あなたは物の方を重視しますか、心の方を重視しますか」と問いかけてきた総務省の統計がある。図１－６（次頁）のように、国民の間には、一九七五年を境に物よりも心を大切にしたいとの思いが強くなり、後は一貫してその傾向が拡大している。それは成長よりも安定・安寧をという願いに通じている。Ｗ・リースは、『満足の限界』の中で、私たちが成長至上主義に陥り、追い求めてきた経済的幸福（満足）は、部分的幸福であり、過去的幸福にすぎない。私たちはこれから、より広い意味での幸福、より多様な幸福を射程に置かなければならない、と呼び掛けている。これらは、人々がより多くの物を持つ喜び、物的欲望の淵から自らを救い出し、精神的な欲求、心の満足を求める新たな豊かさの道へ大きく傾いていることを示している。

だが現実は異なる。これだけ物的に豊かな社会になったはずなのに、非正規雇用の中に置かれ、

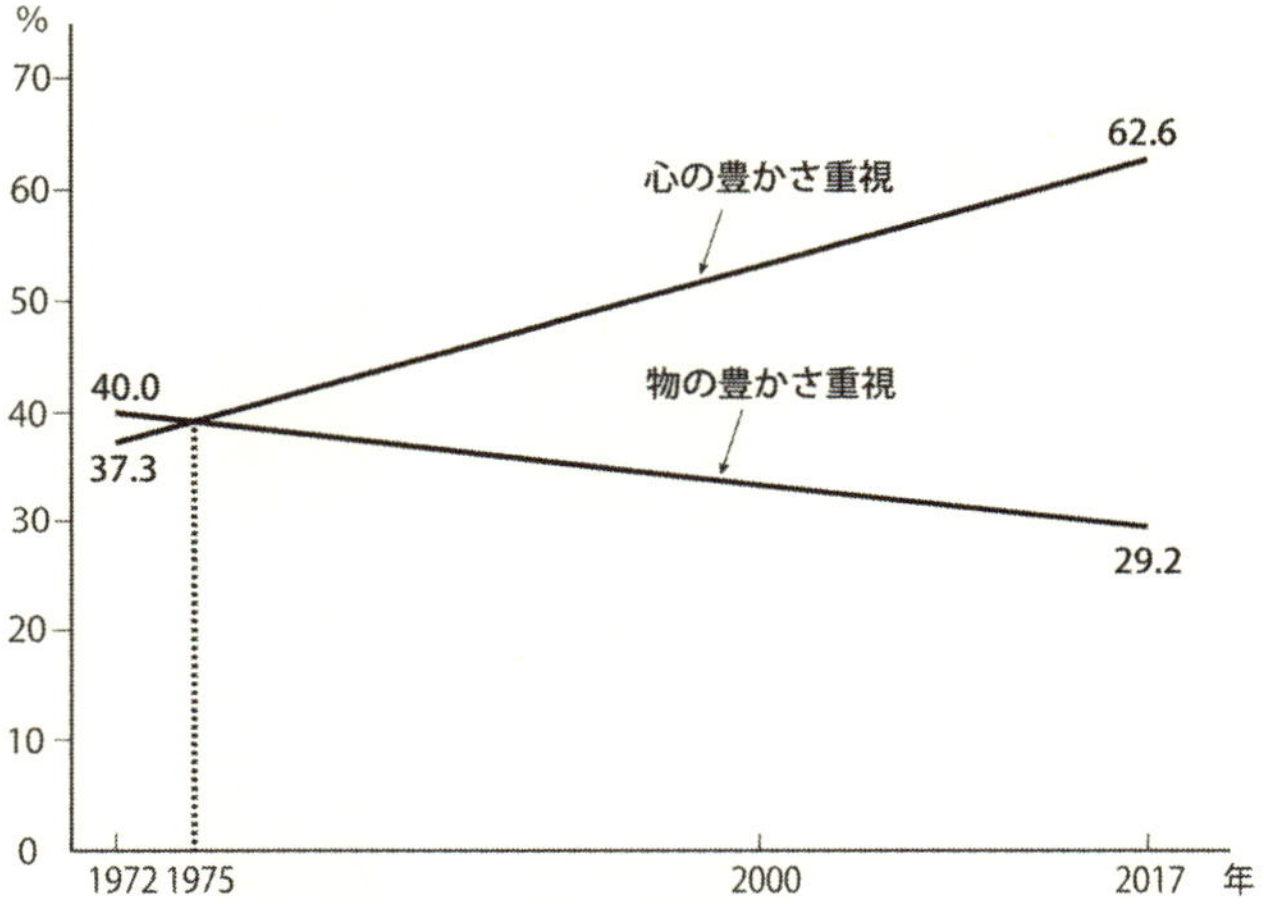

図1―6　物か、心か

出典）掘好伸『若者はなぜモノを買わないか』青春出版社　2016年　45頁
注）内閣府「国民生活に関する世論調査」より作成。年により若干上下している1976年以降一貫して「心の豊かさ」を重視する人が増加している

「派遣」と称するその場その時の労働に身をゆだね、「貧困」と呼ばれる生活に忙しく不安な日々を過ごし、なお「成長」という経済の行方に期待をかけなければならない。アメリカで二〇一〇年代以降に起こった「九九％運動」（We are 99%）は、富のおよそ四分の一がわずか一％の人々に独占され、九九％の者が貧困に窮しているとの抗議の運動であった。私たちはある意味で、経済の煉獄から逃れようとしながら、やむなくそこに留まり続けなければならないという困難のスパイラルに陥っているというほかはない。この抜きがたい現実に、人々は苛立ち、不安と不満を強めているのが現代社会であるように思われる。

情報縁の救いと限界

もう一つ、私たちが救いを求めた先が〝情報縁〟であった。人々は、とりわけ若者たちは雪崩《なだれ》を打って情報縁に身を預けていったのである。

インターネット空間がもたらす情報縁は、瞬く間に広がり、メールや携帯電話に始まり、ブログ、ミクシー、フェース・ブック、ライン、オン・ライン、SNS（ソーシャル・ネットワークサービス）と、その方法や内容は、急速に変化・拡大している。さまざまな機器や機能が自由に使えるようになり、それについていくだけでも、歳をとればとるほど至難のことであった。しかし若者たちは違う。社縁社会の閉塞感を打ち破るように、若者たちは機器を使いこなし、のめり込むように、そこにあたらしい縁と機会を求めている。

最新のSNSは、人と人を結ぶコミュニティ型のWebサイトで、友人・知人、その他とのコミュニケーションを円滑にする場を提供し、趣味、居住地域、出身校といった、ジャンルごとの新たな人間関係を結ぶことができる。またそこでは、見も知らない人たちが打ち寄せる波のように応答してくれる。互いに意気投合し、どこかで落ち合い、良い仲間となることもある。知られたくなければ、互いのメールアドレスを隠したまま、他の会員にメッセージを送ることもでき、つながりの深さもコントロール可能である。

SNSは二〇〇三年頃アメリカで誕生したが、日本でも今広範に拡大してきた。ネットを使いこなす多くの人たちが、旧知の人とネット上で再会したり、新しい友人ができたり、災害地どうしの助け合いが生まれたりと、その楽しさや意義を語っている。

ここには、途方もない広がりを持った場所が開かれている。地縁を失い、社縁に満足できなくても、情報縁によって補われ、仲間が増え、癒され、満たされる人も多いことであろう。それは大きな可能性を秘めていることも間違いない。

だが、情報縁は、社縁社会や地縁社会を支え、広がりをもたらす補完的役割を果たすもの、と考えるべきではないだろうか。また一般には、直接出会うことが少ないので、悪縁となって予想もできない事件に巻き込まれるというリスクも付きまとっている。多くは刹那的なやり取りの縁に過ぎず、時には詐欺にあい、犯罪に巻き込まれることもある。あるいはまた、ひとりゲームに没頭し、非現実的なしかし心躍る世界に癒しを求めている人も少なくない。

社縁からはじき出され、血縁や社縁からも遠く、多くの人々が居場所を失って情報縁に救いを求めたが、そこには、それなりの癒しがあると同時に、国内でそして世界の中で、少なからぬ人々にとって、自らの無惨な位置をまざまざと思い知らされる情報のるつぼでもあったのである。二〇一八年七月二五日のＮＨＫ番組「つながり孤独」は、その実態を良く捉えていた。インターネット空間は、どこまでも広がるが、他者と比べ差異を意識して孤独になる、本心を隠し本音を語れない。誤解を生みやすい、表面的なやり取りになる、やめようとしてもやめられない、やめればもっと孤独になる。こんな状況を「つながり孤独」というわけだ。それが嵩《こう》ずれば、心の病気につながる。

社縁社会が変質し、多くの問題が生じてきたとすれば、それを克服するには、今後どうしたらよいのであろうか。今新たに広がりを見せているＡＩ、ＩｏＴを駆使する情報縁社会は、どこまで人々を救い上げ、孤独や孤立、貧困の淵から救い出すことができるのか。人類のたどってきた居場所「血縁社会―地縁社会―社縁社会」の経緯と実態はどうであったのか、いったい現代における、私たちの安らぎの居場所とはどこか。私は本書で、社縁社会への道程とその意味を探ることで、都市の居場所、農村の居場所の現実、そして今後の居場所について、可能な限り、広く深く考察してみたいと思う。

第2章

人間の居場所としての故郷

私が生まれ故郷を去ったのは、すでに六〇年も前のことである。その後京都や東京での都市生活が続いている。島根の郷里も懐かしく、東京も思い出が多いが、京都での数十年の生活は、波乱に満ちた私の人生そのものであった。そして福井での七年間、ドイツでの一年も人生の大きな節目であった。それぞれに私の居場所であったし、故郷であったといってもよい。先に、現代社会は故郷喪失の時代、居場所喪失の中にあるといったが、私たちにとって、故郷とは何か、居場所とは何なのか。現実を読み解くためにも、ひるがえってその本質を問い直す作業から始めたい。

1　故郷喪失の時代

故郷の変容

近代社会となり、工業化が進展するにつれて、企業組織を中心とする都市社会、それも大都市社会が形成されていった。それとともに、華やかに拡大していく都市は、しだいに農村にとって異郷の地として浮かび上がり、逆に先祖代々住まってきた地縁社会としてのふる里＝わが故郷が、改めて自覚されてくる。故郷とは私たちにとって何であろうか。『広辞苑』を引くと「生まれ育った土地」と書かれている。誰でも一度は生まれるので、その意味では、必ず故郷を持つ。しかし故郷は単なる生まれ育った土地ではなく、さまざまな縁につながり絆に結ばれ，喜怒哀楽を伴いながら暮らしの営まれる人間の居場所であるといえよう。

一般に〝故郷〟と聞けば、父母や友人の姿が浮かび、美しい山河や田園，家々のたたずまい，氏神様やお寺さんへと通じる道などが懐かしく思い出される。そしてすぐに、小学校時代に習い覚えた次の唱歌が胸の奥に流れる。その後、私が山陰線で故郷に帰るときは、車内でそのメロディーが流されていた。

兎追いしかの山　小鮒釣りしかの川
夢は今もめぐりて　忘れがたき故郷《ふるさと》
いかにいます父母　恙《つつが》なしや友がき
雨に風につけても　思いずる故郷
志を果たして　いつの日にか帰らん
山は青き故郷　水は清き故郷

これによって、古き良き故郷の姿を、瞼に浮かべる人が多いことであろう。

しかし今、その故郷は大きく変化し、故郷についての考え方も変ってきている。

故郷を離れた人々は、しばしば転勤移動があり、各都市を回り、時には海外勤務もある。そうした家庭に生まれた子供たちは、生まれたのは京都郊外のベッド・タウンだが、まもなく北海道札幌に移って幼年期を過ごし、再び関西に戻ったが、京都を通り越して広島や福岡などに行く、といったことが日常茶飯事となっている。故郷は家郷などともいわれ、安住の家屋が想定されているが、多くの人は生まれたのも育ったのも、そして勤め人になってからも、高層ビルのマンションが棲みかであった。このような生活を送ってきた人たちが、都市民の大半を占めるようになっている。そこには、前述のわが故郷と言えるような場所はないといってよい。「君の故郷は?」と問われても、孫の代ともなれば、生まれも育ちも場所が異なり「そんなことを聞かれても」と、口ごもってしまう。

こうして子も孫も、独立すれば、核家族となり、それぞれに移動生活が始まる。老いれば、都市・農村を問わず夫婦二人となり、やがて一人になり、〝孤独死、一人死〟などといわれる時が来る。故郷を去った人たちにとって、故郷としての農村は衰退し、時には消滅の危機に瀕している。故郷喪失の時代、いや故郷そのものの無い、いわば無郷の時代を迎えている。

魂の故郷ともいうべき没後の世界も同様だ。地価が高いというだけでなく、墓を持っても、少ない子や孫たちがお参りに来てくれるかどうか。こうして人々は、ともかくも高層の「ビル墓」の、箱のような極小空間に仏として収まるか、あるいは樹木葬や大海への散骨を選ぶことが多くなっている。都市民もまた農村以上に魂の行き場を失っている。まさに、いずこも〝故郷喪失〟の時代なのである。もはや、多くの人たちにとって、故郷というものなどそれほど意味はなく、語るほどのこともないものになったのであろうか。

しかし人はいつでもどこでも、心安らぎ、明日への力を蓄える自らの居場所を求める。故郷は衰退し、各地に移動を繰り返すこととなれば、人はそれぞれの安息の居場所を創るほかはない。移動の激しい現代にあっては、故郷とはその時々の居場所のことであり、そこここで居場所を創ることとなる。現代は「多郷の時代」と言い換えてもよいかもしれない。

2　新たな居場所（故郷）の創造

ボルノーの「人間的空間」

異郷に立った人たちが働く場所は、地理・気象はもちろん、住まう家の形や色、部屋の広さや日当たり、そして異なった言葉やその訛《なま》り、日頃の習慣や風習、勤め先や町内の公私にわたるさまざまな規則、異郷人同士の人間関係や組織内の上下関係、そうしたものがすべて新たな生活環境となる。時には狭く、暗く、重苦しいものであったに違いない。その時故郷の美しい山河、ゆったりとした家々のたたずまい、嫉妬し、言い争い、怒りに燃えた日々も含めて、村での喜怒哀楽が思い起こされよう。しかしそこはすでに遠い。

そして目指すのは、今新たに始まった生活を、いかに潤いのある意義あるものにしていくか、いかに忍耐し頑張り通し、苦しみや悲しみを癒し、乗り越えていくことができるかを、懸命に探し求めることになる。人は自らの新たな居場所を探し、創っていくのである。それは困難に直面することでもあるが、新たな故郷の創造であり、故郷の深化であるといえる。

かつて私が、ドイツ滞在中に注目した哲学者O・F・ボルノーは、『人間と空間』の中で、人間の居場所について深い議論をしている。

ボルノーは、その著作で、住まうWhonenという日常生活の最も根底的な状況から、人間の本質を明らかにしようとする。人は空間と時間に規定されながら生きているが、そこは固定持続しているものと、無常で変化するものの交錯し重なり合う場所として構成される。人が住まうのは家屋である。家屋はそれぞれの個人にとって世界の中心であり、そこでくつろぎ、根を下ろし、安寧の時を過ごす。住まうとは人にとって快適であり満足することである。言いかえれば、「外部世界の混沌から排除されている」場所なのである。

その際、ボルノーの念頭にあるのは、〝希望〟の概念である。ボルノーは、ヨーロッパの生の哲学の流れに属するが、近代工業化社会の混沌の中で生まれたサルトルの無神論的実存主義と言われる思想を、孤独と絶望の哲学として拒否する。サルトルは、人は神によって作られたものではなく、果てしない自由の世界に投げ出されている。それゆえ人間は孤独であり、人は何かに縋《すが》り付くことも、また逃げ出すこともできず、そして自らに全責任を負わねばならないという。ボルノーは、そのあまりに孤独な世界は、あたかも「人間は自由の刑に処せられている」ようだとさえ言っている。ボルノーは、人をあまりにも孤独と絶望の淵に追いやりかねないサルトルの思想的世界から、可能な限り「信頼と希望」の世界へと導こうとする。そして家屋という空間を、外部世界の混沌から人を救い出し、自己を取り戻させる癒しの場所、いわば心安らぐ「人間の居場所」ととらえているのである。家族と複数で過ごせば、いっそうそこは希望の場となるであろう。ボルノーは、ビンスヴァンガーの言を引いて、「彼ら（愛する者たち）が相互に作り上げる空間は、彼らの故郷」であり、「ふるさとの設立である」という。

人間の居場所としての住まい

ボルノーによれば、前記のような人の住まう場所としての家屋は、「ふるさとと密接に結びついて組をなしている」という。日本の故郷は家郷とも呼ばれる。柳田国男も、祖先たちが子々孫々の繁栄を願ってつながっていく「イエ」の存在が、故郷の維持と意味にとって前提になると考えていた。やはりどこでも〝生家のある場所としてのふる里〟が故郷の基礎にあるといえよう。にもかかわらず、ボルノーの議論では、個々の家が重視され、それが核となって、家々の集合としての故郷が想定されているように見えるのに対し、日本の場合は相対的により協同性の強さが認められ、緩やかに連帯しているドイツ村落との差異ともいえようか。いずれにしても、ボルノーの家屋論には示唆に富むものがある。

ボルノーの「家屋」は、複雑さを強める社会、外部世界との闘いの対極にあり、人がその羽を休めて安らぎ、憩う場所として想定されている。そうであれば、ある程度の広さが必要だという。部屋の広さ、庭の木々や芝生、池など、広がりは人の心を開放する。楽しくゆったりとした落ち着きをもたらす。狭さは、人を閉じ込め閉塞感や不安を呼び起こす。その点からいえば、とりわけパリの家は家屋ではない、とボルノーはいう。パリの人たちが住まうビルをはじめ、大都会の家屋は、箱であり、ビルは箱の積み重ねだというのだ。

賃貸にせよ、自己所有にせよ、高層ビルのマンション住まいは、今や都市民にとって当たり前の居住形態となった。国内の転勤や海外勤務など激しい移動社会となった現代では、修繕や管理の必要な戸建ての持ち家より、手軽で便利といえるかもしれない。だがボルノーは、そこは癒しの家屋、安らぎの故郷に値しないというのである。とりわけ日本社会は、しばしば殺人的な長時間労働の場、厳しい競争の場であり、家は単なる睡眠の場でしかない人も多い。ボルノーに言わせれば、そのような場所は、本来の家屋の機能や意味を失った場所、故郷の喪失にすぎないといえよう。

窓と縁側の差異―西洋と日本

ただ、私もドイツに暮らし、ヨーロッパ各国を旅して思ったことであるが、東洋特に日本と西洋の農村には、大きな違いがあるように思われる。外界との接触点に関する窓と縁側の違いである。

ボルノーによれば、内と外をつなぐのが戸口と窓であり、自由の出入り口である。窓はそこから外界を見る目の門、目の通路であり、「きわめて過剰な外部を、私たちに調整してくれる取入口」である。また戸口は自らの身体を「世界に通じる道」へと導くのである。

しかし、これまでの日本の家屋には、「縁側」というものがある。私自身、故郷を思う時に、よく実家の縁側を思い出すのである。その集落六〇余戸に、縁側を持たない家屋は皆無であった。そこは戸口という外界への通路を超える、大きな意味があったことを思う。縁側は、戸口を通る必要のない、容易に内と外をつなぐ結節点なのである。訪問者があった時、大切な要件なら戸口から座敷に通すが、そうでなければ、縁側に茶器を持ち出して、自ら手入れした庭を眺めながら、一緒にお茶を飲む。それは世間話や、米作り・野菜作りの技術交換の場であり、しばしば自慢や愚痴の場でもあった。そこは野良着のまま、長靴や地下足袋のまま腰掛けられる、心から安らぐというほかはない開放的な場所であった。人はそこで切っても切れない縁と絆を確かめあうのである。

縁側なら、子供たちも誰に遠慮することもなく、仲間とトランプやカルタをしたり、宿題を一緒にしたりした。祖母がくず糸をつないで凧あげの糸を作ってくれ、祖父に将棋を教えられたのも縁側であった。縁側は世代間を結ぶ場でもあった。

もっとも、秋祭りで親戚一同が集まる時には、座敷で話しながら抹茶を楽しむ土地柄であった。子供たちでも抹茶を立てることができた。出雲地方に赴任してきた茶好きの藩主・松平不昧《ふまい》公の影響だともいわれ、お茶に付き物の菓子類も豊富になった地域である。

また縁側は日常と異界を結ぶ場所ともいわれ、七夕を飾るのも縁側であり、葬儀の際に僧が上がり降りし、棺を送り出すのも縁側からであった。鬼を追い出す節分の豆まきも、縁側から闇に向かってであった。私はこれらを、農村の〝縁側文化〟と呼んでいる。

村の生活といえば、縁側が思い浮かぶほどである。縁側文化は、日本農村独特の協同性を育み、地縁社会の礎ともなっていたのではないか。東洋も西洋も、家や故郷を安らぎの場と見ようとするのは同じだが、「窓」と「縁側」は、西洋の「個人」ないし「市民」の重視、東洋・日本の開放性、協同性を特徴づけているように思われるのである。

縁側文化の後退と東西の同時代性

今どき、都市の中で広い縁側のある家屋などは珍しく、よほど贅沢な造りとなろうが、もともと縁側は庶民の気軽な付き合いの場所であった。しかし今は農村でも、その機能は薄らいでいる。かつての縁側は、夜に雨戸を閉めるものの、昼間は季節を問わず開けっ放しであった。今は多くが、雨戸の代わりにガラス戸となり、とかく閉めたままになりがちで、気軽に腰掛けにくくなっている。それは、さまざまな人の村への出入りが活発になり、農業だけでは生活できず、兼業で農外就業が多くなるといった社会の変化をも反映していよう。

こうして、農村でも縁側は締まりがちだが、まして都市では、マンション住まいが多く、隣家の

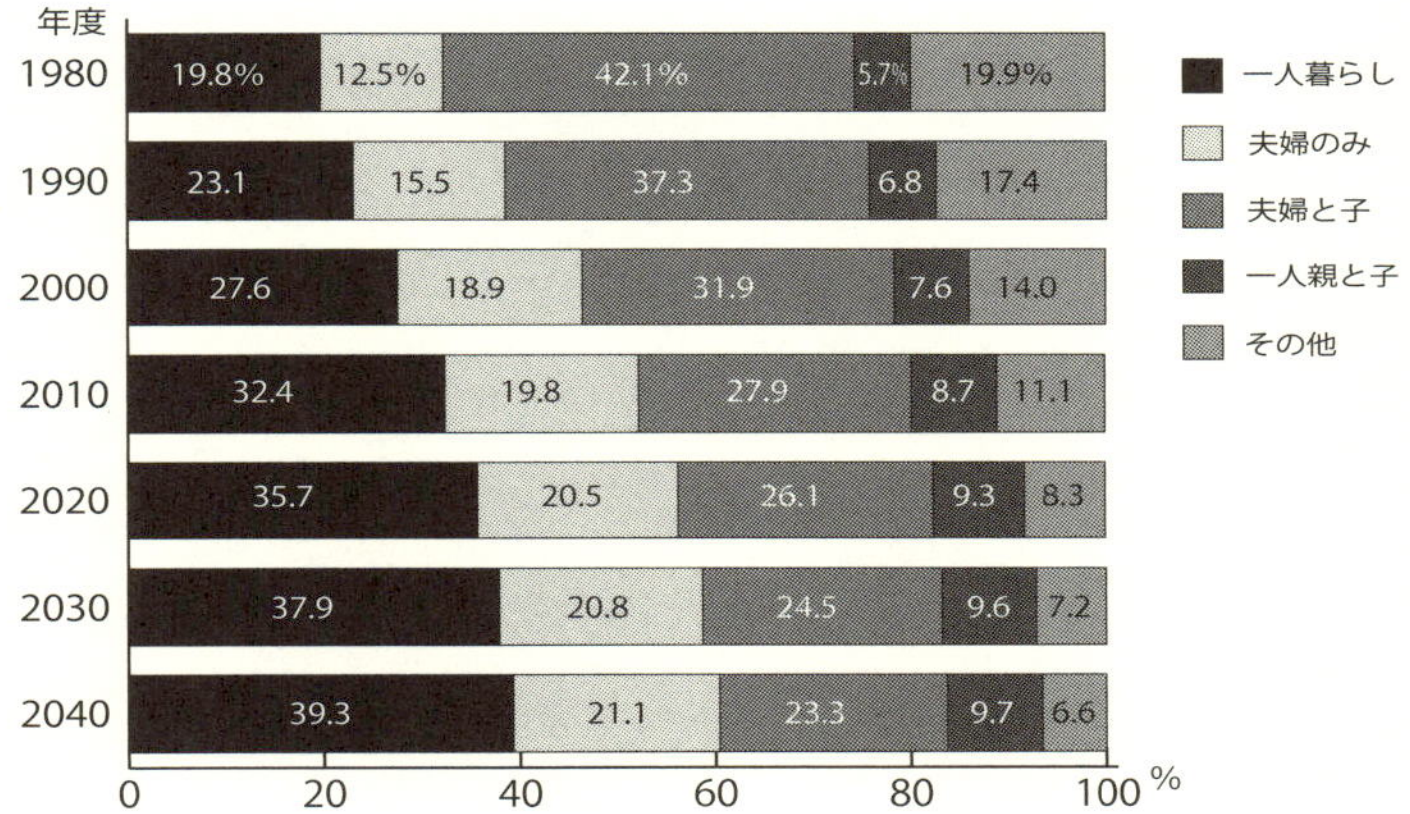

図2―1　核家族化、一人暮し化の進行（家族類型別世帯数の割合の推移）
注）国立社会保障・人口問題研究所「日本の世帯数の将来推計（全国）」の数字より作成

住人さえわからないようなことが多い。仮に戸建てであっても、縁側のある家などほとんどない。家の作り方も、素材や外観も、およそ二〇～三〇年ごとに様相が変わってきた。地価が高いせいもあるが、最近では庭木など一本もない住宅が多い。忙しさが先だって、落ち葉などを掃くのも面倒だし、周りを汚くするだけだと考えるようになっているという。そこはもはや安らぎとは程遠い場所に変じつつあると思えてくる。農村でも都市でも、人間の居場所としての故郷もまた、その内実を変えようとしているのであろうか。

こうして、これまでは相対的に西洋では「個人」が中心に置かれ、日本では、大家族や地域の協同性が重視されてきたように思われる。人は血縁、地縁の中にあったのである。しかし国立社会保障・人口問題研究所によれば、高齢化、晩婚化、未婚率や離婚率の高まりなどで、図2―1のように、核家族化、高齢化が進み、一人暮らし世帯も二〇一五年に三四・五％に達し、さらに二〇四〇年には三九・三％になると予測している。社会は血縁、地縁がともに失われ、無縁の孤独な個人が増えていく時代となって、寂しく、生きづらい時代を迎えている。「おひとり力」を鍛えたり、孤独から生まれる力や意味を追求する書籍も増えているが、まさに人間の居場所の問題を考えることが重要となっている。一人暮らしの増加は、ヨーロッパをはじめ世界的傾向であり、現代社会は西洋も東洋も、今やほぼ共通した状況が生まれているように思う。

現代は、グローバル化、情報化がとめどなく進み、人は移動と広がりの中でもがき、自分の居場所、自らの故郷を求め創造しようとしているように見える。故郷は単に人がそこで生まれた場所としてではなく、大小の差はあれ、どこに行っても人は競いあい、時には不安や怖れ、孤独などに陥るものであること、そしてそれを乗り越え、人がそこで、互いに慣れ親しみ、縁を結び、安らぎ、癒されて過ごそうと努力する場を〝人間の居場所〟と考え、論述していきたいと思う。

故郷に関する考察としては、荻野恒一『故郷喪失の時代』、高橋勇悦『都市化の社会心理―日本人の故郷喪失』、成田龍一『「故郷」という物語』などがあり、故郷について多くの問題提起をしている。しかし、残念ながらこれらの著作は急激に変化する現代の状況を捉えきれてはいない。私は本書でこれらとは少し異なる新たな視点から故郷ないしは人間の居場所を考察してみたい。

第3章

社縁社会への道程
―人類史の中の居場所をたどる

人は何らかの縁につながり、絆に結ばれていなければ生きていくことはできない。人はこれまでどのような縁と絆の中で居場所を確保し生きてきたのであろうか。ここでは、ひるがえって人類史の過程を狩猟・採集社会、農耕・牧畜社会、工業社会の展開と捉え、同時にそれを支える血縁、地縁、社縁の歴史を見て考察を深めたい。そのことで現代社縁社会の意味と現実、そして展望を明らかにしたい。

1　社縁社会への道程

欲望と居場所の進化過程

人間にはさまざまな欲求がある。その内容や是非については、宗教の立場から、あるいは経済的な視点からと、それぞれに見方があり、論ずることができよう。また人々は、日々の喜怒哀楽、競争や嫉妬心、闘争心、性的欲求等々、人間として時代を超えて共通する基本的欲求・欲望がある。ここでは、それらを論ずることが目的ではなく、むしろそれを支える、各時代に特徴的な中心的欲求ないしは基礎的欲求、およびそこでの人間の居場所の諸段階について考えてみたい。

そうした観点から見るとき、人類がその長い歴史の過程で、表3―1のように、①食の欲求を何とか安定的に満たすことを中心とした狩猟採集社会、次いで②食の欲求の安定・充実へと進

表３－１　人の欲望と居場所の諸段階

社会形態	中心的欲望	幸福の内容	居場所（故郷）	地域形態
狩猟・採集社会	食の欲望	食の安定	血縁社会	農　村
農耕・牧畜社会	食の欲望	食の安定・充実	地縁社会	農村の発展、都市の発生
工業社会	物的欲望	物をたくさん持つ	社縁社会	農村の衰微、大都市化

注）各段階の状態について、四つの指標でその内容を強調・簡略化して示した（筆者作成）

む定住的農耕・牧畜社会、③物的欲望（物の豊かさ）の満足を追求した工業化社会と、さしあたり現代に至るまでの居場所のありようを見ておきたいと思う。これを土台とし、その延長上で、過去をも包摂する現代の私たちの姿、そして現代社縁社会の形成過程と、そこでの欲求のありようや居場所の特徴を考えてみたい。

食の欲求の安定的充足と血縁社会―狩猟採集段階

かつて人類は、山野を駆け回り、シカやイノシシなどの鳥獣、木の実や山菜、川や海の魚などを食料として生活していた。いわゆる狩猟採集社会である。端的に言えば、そこでは、まずは食べること、つまり「食の欲求」を安定的に満たし、生存・生活していくことが最重要の課題ではなかったか。

しかし人類学者の研究によれば、いたずらに最大可能な獲得や消費を求めず、互いに分け合い互酬性を原則とする傾向が認められる。人類学者の間では、その生活は意外にゆったりとしたものであり、余暇のある共同生活を営んでいたとみられている。たいていは、男たちがわずかな時間で山野の食料を集め、女たちは子育てに時間を費やし、皆で団らんするという、思いのほか心豊かな生活であったとされる。

その居場所は、互いに過不足を分かち合い助け合う、家族を中心にした集団が憩う血縁社会であった。それぞれの集団には、全体を取りまとめる中心となる人物はいたであろうが、全体を平準化する力が強く、平等な社会であった。

しだいに人口が増え個々の集団が大きくなり、また集団の数が多くなってくれば、その間に通婚関係の広がりや物々交換の経済的関係が広がっていく。そして、時にはその生活範囲の境界や食料確保をめぐる争いが起きたであろうことも、容易に想像できる。人類史の中で、狩猟採集生活は圧倒的な長さを占めており、その思考や行為の様式は、私たちの心身にも、遺伝子として組み込まれているであろう。

やがて人々は、経験を口伝えする伝承の知識を蓄積し、ゆっくりと進化していく。食料の確保にも工夫が表われる。木の実や果実を食べた後、種子や皮など不要な部分を一定の場所に捨てる。そしてそこから種子が芽を出し、果実を実らせることがある。そこは、その後わずかでも確実な食べ物のある場所と認識され、大切にされる。これは「半栽培」と呼ばれている。また動物の子供を見つけ、連れ帰って人の乳などを与えて育て、手懐《てなず》けることも行われた。犬などは、人に忠実な生活の友となり、狩りの伴侶となった。かつての日本の農家、そしてアフリカや東南アジアのどこに行っても、放し飼いの犬や鶏、アヒルなどがおり、豚などが遊んでいるところもある。

鶏は家の周りに遊び、草や虫を食べ、卵を産む。それは野鳥の雛を人が育て手懐けたものである。それらは「半家畜」と呼ばれている。

半栽培、半家畜段階といっても、その形や期間は地域によってさまざまで、多様な経緯をたどり、徐々に農耕あるいは牧畜という栽培・育成段階に達する。家畜飼養は移動放牧と定着飼養が考えられ、特定の場所へ定着するか、一定の範域で移動するか、いずれにしても定住化傾向は強まってくる（『祖田修著作選集・3―農学原論』、『人類史の中の定住革命』）。

食の欲求の充実と定住・地縁社会―農耕・牧畜段階

定住農耕あるいは牧畜社会が成立してくると、食の欲望はかなり安定的かつ多様な食物へと広がり充実していく。しかし、自然の変化に左右される農耕の本質から、干ばつや長雨などに見舞われ、豊凶の変動は免れない。日本の歴史を見ても、八～一九世紀の間に記録に残る飢饉だけでも五〇〇回に及んでいる（『長寿伝説』）。ヨーロッパでもジャガイモの広範な不作が引き金となって、多くの人々がアメリカ大陸を目指したのであった。

人口が増えるにつれて、そこでは飢饉対策、食の安定対策として、幾重もの安全装置が用意されていた。それを想定できたのは、私が貧しいアフリカの農村で見たおよそ四段階の対応であった。①稲やイモなど、どれかが確実に実るよう数種の主食穀物を植える、②同じイモや豆でも、数品種を混植し、気候の変動があってもどれかが実る、③本来の畑のほかに、家の周りの空き地にさまざま作物を混植する、④近隣の扶助組織で助け合う、などである。そして、しだいに安定した地縁社会へと進化していくのである。

しかし、品種の選択や改良による食料生産の安定化、多様化、そして増産の技術はしだいに高まり、余裕も生まれ、貧富の差ができてくる。定住集団の内部の安定の確保や外部集団からの攻撃可能性に備える自治、統治の必要性も高まる。こうして、集団内部の人々の間に階層が生まれ、蓄積やその差異が発生する。集団が大きくなれば階級といえる層が形成され、統治機構が生まれる。また農業以外の道具類、機械類を作る職人層、それを売買する商人たちも生まれる。こうした、土地を基礎とし、そこからの食料生産（日本の場合、コメの石高）を中心にした経済社会機構としての、中世や近世の時代があった。こうして、農業革命や産業革命による工業化時代が訪れるまでは、何といっても安定的にかつ充実した食の欲望を満たすことが重要な時代だったといえる。

またそこは、広狭の差はあるが、顔の見える関係で結ばれる地縁社会を基礎単位として成立していた。生活の基礎、生産の基礎は土地であり、封建制のように、上位者が下位者に順次土地を封じ給することによって、上下の位置関係、力関係が決められ、農民をはじめとする庶民の耕作の自由、移動の自由、職業の自由などは制限されていた。その代わり領主は、領内の庶民の食や生活を、安定化し保全する任務を背負っており、徴税や労役の権利だけでなく、裁判権をも有して、土地と人を統治したのである。その関係が適切に守られる限り、そこはそれなりに安定した人々の居場所であったといえよう。

物的欲求の充足と社縁社会―工業化・都市化段階

次の工業化社会は、農法の変革による大幅な食料増産と安定供給を達成した農業革命、それを支えとする産業革命によって始まる。そこでは、物的生活水準の向上を目指すこと、つまり「物的欲望」の追求が主たる課題になった。食物の増産により、食べ物が沢山あるから、あるいは安いからといって、いつもの二倍食べるということはない。したがって、農業革命による農産物の増産は、さしあたり人口の増大と工業発展への労働力や資本の供給へとつながったのである。

アダム・スミスのいう、広く国民的富の供給を約束する〝普遍的富裕の社会〟、いわゆる資本主義社会の到来である。日本でいえば、明治維新によって封建制度が廃止され、田畑作付の自由、職業の自由、移動の自由が保障された。そして工業化・都市化社会へと突き進んでいく。

農業機械の発明はもちろんのこと、各種機械が発明され、大型化し、精巧化し、衣類、石鹸、タオル、机や椅子、紙や鉛筆に至るまでさまざまな日常生活用品が供給された（第一次産業革命）。やがて、内燃機関の実用化が進み、鉄道輸送や蒸気船航行が整備され、鉄鋼業をはじめ、重化学工業が発展し、航空機輸送が発達し、テレビ、冷蔵庫、洗濯機など各種家電製品、自動車など、人や物の移動が活発化して、物的な生活の豊かさが広く行き渡ってきた（第二次産業革命）。

さらに原子力エネルギーの活用、コンピューターなどの情報技術を駆使しオートメーション化した大量生産、そしてそれに対応する大量消費、大量廃棄の時代が訪れる。農業生産もまた、規模拡大、機械化、化学化（農薬・化学肥料の多用）、施設化など、いわゆる〝農業の工業化〟が飛躍的に進み、先進国での農産物の余剰化が顕著となった（第三次工業革命）。

工業化・都市化を支える社縁社会

市場社会の巨大化する経済的生産力は、私たちの生活に大きな利便性をもたらし、物的欲望を満たしてくれた。しかし欲望というものは、とりわけ物的欲望、経済的欲望は、持てば持つほど雪だるま式に膨張し、とどまるところがない。それは、都市も農村も容赦なく巻き込み，急拡大していく。若者たちは故郷を離れ、企業に就職し、人はいわば地縁社会から、会社組織を中心とする「社縁社会」に入り、家風ならぬ社風になじみ、あるいは厳しい競争に耐えながら、そこを居場所として生きていくこととなった。

「社縁」という言葉は、恩師の一人社会学者の米山俊直が使ったもので、現代の特徴を良く捉えている貴重な概念である。だが、米山はその範囲を広く考え、企業等の職場集団はもちろん、軍隊や家臣団、協同組合など、血縁、地縁とは異なる組織集団全体を社縁と呼び、二一世紀の中心的組織形態ととらえている（『同時代の人類学』）。しかし、そうなると時代も組織形態も範囲が広がりすぎて、焦点が合わせにくいので、第1章でもふれたように、ここでは現代の株式会社を中心とする生産にかかわる組織体つまり社縁組織を中心にして考えを進めたいと思う。

産業革命以後、社会の中心となるのは社縁であり、工業化・都市化を支えるのはまさに社縁社会であるといえよう。日本では、企業体の多くが終身雇用と年功序列を基本とする家族主義的な特徴をもって形成された。企業規模によって差はあるものの、それは労働者にとって安心感を与え、社主への忠誠心をもって応じる比較的安定した運営方式でもあったといえよう。現代人の居場所は、企業社会に生まれた社縁という新たな場所だったのである。

2　社縁社会の発展と農村との関係

帰郷を前提とした社縁社会の段階

明治維新以降の近代化は、明治維新の田畑耕作の自由、職業の自由、移動の自由など、封建的束縛からの解放によって始まった。しかし当初は、人の移動はそれほど活発ではなかった。しだいに、新たな産業がヨーロッパから導入され工業化が進むと、労働力が必要とされ、繊維産業では若い女工さんたち、他の製造業では農村の次三男や冬季の出稼ぎなど、農村から繰り出されてくる労働力で賄われた。女工さんたちは、嫁入り前の現金稼ぎで、数年で帰村することを前提としていたし、男子の雇用関係もほぼ同様で安定的とはいえなかった。

柳田国男も、当初農村から都市への移動の多くは、故郷への帰還を前提とした季節的な出稼ぎがほとんどであり、長くとも一年単位であった。とくに東北地方の冬は、積雪で仕事が少なく、大きな都市でわずかでも現金所得を得ることが主たる目的であったと書いている(『都市と農村』)。

しかしそれは、農村民が都市の実態を垣間見て帰村し、村びとに今拡大しつつある都市とはいかなる所かを語る、貴重な情報源でもあった。私が一九五九年に、郷里から京都の大学に向かう時でさえ、母親は私に「昔から都会では人を見たら泥棒と思えとか、都会は生き馬の目を抜くところだといわれてきた。気をつけるように」などと、さとしたのである。おそらくは、古くから村びとが都市について、伝え聞いてきた感情の一部であったろう。

工業化・都市化と反都市観の醸成

明治維新以降の近代化過程で、農村人口の都市への流出はしだいに高まっていく。その内実と様相は変化していくが、その際、都市・農村関係をどう見るかで、さまざまな都市観、農村観が交錯し激突した。

その過程で登場したのは、まず「農村は善、都市は悪」とし、人は農村にとどまって暮らしを立てることが大切とする思想であった。例えば、愛知県安城市は日本のデンマークと呼ばれるほど、新たな農業が展開した地域であるが、その地で農村振興の中心となった山崎延吉の都市・農村論は、次のようなものであった。

山崎によれば、図3―1のように、都会は花のごとく人工美と便利、繁華、享楽の物質文明を誇っているが、世界史に照らしても、それは国の衰弱、軽佻浮薄《けいちょうふはく》、堕落といった衰亡の兆候をもたらす。他方、農村は木の根のごとく自然美があり、団結、共同、勤労の精神的文化がある。また労苦、寂寞、不便の地であるが、堅忍、着実穏健、質実剛健の機運を育て、興隆の基礎をなす。こうして、都会は墳墓の地であり、農村は揺籃の地であるという

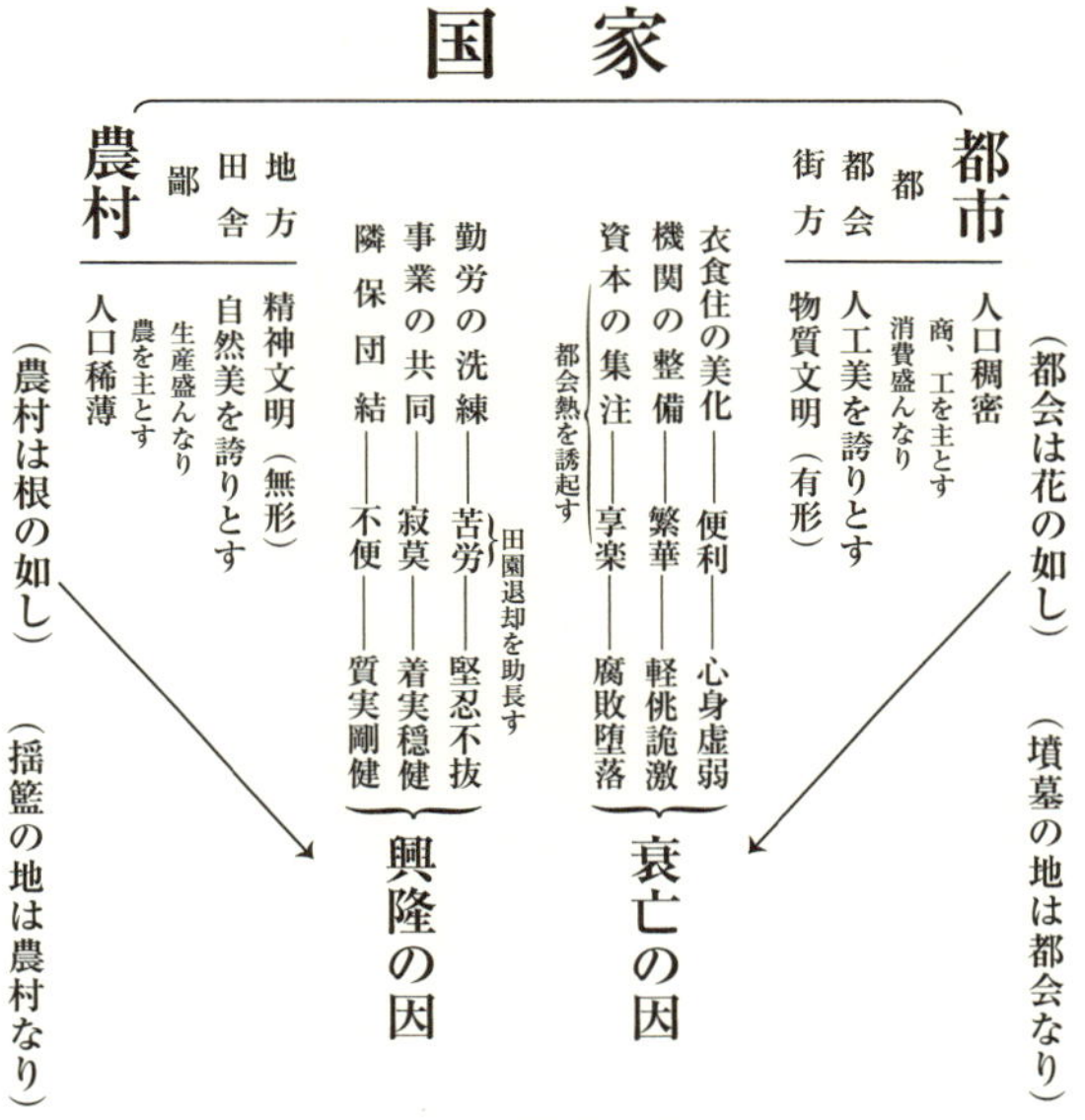

図3―1　山崎延吉の都市・農村観
出典）『山崎延吉全集・6』　山崎延吉全集刊行会　1935年　575頁

（『山崎延吉全集・6』）。

東大教授を務め、農業界の重鎮となった横井時敬も、向都離村の動きを一種の伝染病にも似た「都会熱」と呼び、農村衰亡の原因になると懸念し、健康・健全な農村から不健康・不健全な都会に出ていくことを〝堕落〟であるとしている（『明治大正農政経済名著集・小農保護問題』、「田舎における都会熱並にこれが予防策」『大日本農会報』一九〇一年一月）。これらの主張には、農村を賛美し、都市の不健康さを語る、都市と農村の対立・葛藤の姿が浮き彫りにされている。

こうした都市・農村関係を〝善なる農村・悪なる都市〟という視点でみる考え方は、産業革命後の国々において、どこでも程度の差はあれ、生まれてきたのであった。こうした主張は、一八九六年ドイツで『未来都市』Stadt der Zukunft を刊行したフリッチュにもみられる。フリッチュはイギリスのハワードと同じく、産業革命の進展とともに起こった都市への人口集中、各種都市問題の発生に強く着目した。彼の著作は、よく知られているハワードの『明日の田園都市』より二年も早く刊行されているが、当時のドイツ人には、「先進国イギリス・後進国ドイツ」の思いが心の奥底に烙印されており、参考にされたのはハワードであった。しかし、いくつかの問題点はあるが、フリッチュの未来都市論も、ハワードに劣らぬものと言える。

フリッチュは、生まれつつある大都市とその文化を、国民にとっての〝不健康の拡大〟と見ている。都市文化は社会にさまざまな害毒を流し、人間を白痴化させる〝文化の豚小屋〟と酷評している。そして農村こそ国民的な活力と健康な社会の源泉であると主張している。フランスの地理学者J・B・シャリエは、「都市の人間と農村の人間の間には、理解の不足するばあいや、対立意識、怨恨が絶えることがない」などと述べている（『都市と農村』）。

だがフリッチュらは、最終的に、人にとって都市も必要な存在とし、せめて大都市化を避けて、「中小都市と農村との結合」を目指す。

柳田国男の都市・農村連動論

日本で、このフリッチュの考え方に近いのが柳田国男である。柳田は、先述した都市の拒否ともいえる見解に対し、異なる意見を述べている。彼は「イエ」の存続という見地から農村振興を語り、他方で中農養成という立場から、農業のあり方を見定めようとしている。ただ柳田には、フリッチュのような大都市、中小都市の区別はない。

家が存続し繁栄するには、「次三男などの予備の人間」は離郷しても、家を継ぐべき長子は、たとえ一時的に故郷を離れたとしても、いずれ帰郷して農村の維持・振興を図るべきだと主張している（『定本柳田国男集』一六、『論争する柳田国男』）。また、農林官僚でもあった柳田は、「日本の農戸数は耕地の面積に比して甚だしく多き」ため、農業だけでは生活できない小農であり、また小作人の地位に甘んじているものが多い。したがって一農家当たりの経営規模を大きくし、生活が立ち行くようにする必要がある」という〝中農育成論〟の立場をとっていた。

したがって、先の山崎延吉や横井時敬などには批判的で、青年たちが都市へと赴くのは、「必ずしも横井先生の所謂《いわゆる》都会熱病の為のみ」ではなく、それは「人類発展の理法」である。横井は小農保護の美名のもとに、農民を農業だけでは食えないようにし、工場に行っても、かえって低賃金に押しとどめる結果になっている、とさえ書いている。そして、「田舎に余って居る労力を都会に供給し、都会に余って居る資本を田舎にもって行」くのが「経済政策の極意」である、というのである。しかし柳田に伝わっていない横井の思いもある。横井は在村自作地主と小農を中心とする農村振興を意図しており、ややかたくなな農村人口維持の主張の背景には、不在地主の増加や、優れた青年の離村への不安があったといえよう。

また、これまでの議論で思い起こされるのは、農商務官僚であった前田正名の地方産業振興策である。前田は、当時大蔵卿であった松方正義が、欧米先進国の大工業移植・財閥育成型の政策を取ろうとしたのに対し、全国各地域の農工商実態調査である『興業意見』(一八八四年)をもって、むしろ今地方に勃興しつつある中小の諸工業を先に振興すること、農業では稲作の反収増加、輸出産業でもある養蚕と茶などを振興することこそが、日本経済を安定的に発展させる道である、との主張を行った。

しかし松方は考え方を変えず、いわば地方農工商の犠牲の上に、自らの方針を貫いたのである。

一八八五年、ついに前田一派は農商務省から一掃されるという政変に至る、その後の日本の経済構造を方向づける明治期の事件であった。それは、日本経済の二重構造性と呼ばれる、地方軽視、大工業中心・中小工業軽視の始発点に位置する出来事であり、柳田のいう「経済政策の極意」は十分に機能せず、地主・小作制下の小農生産、農村の資本・労働力の流出、そして工業における二重構造・低賃金制を形成・固定化し、長い間中央と地方、都市と農村、離郷・帰郷をめぐる複雑で困難な状態を運命づけるものであったことに留意する必要がある（『祖田修著作選集・2―地方産業の近代化構想』）。

異郷に立って故郷を知る

さらに重工業など種々の産業が発達してくると、低賃金であっても、先々も都市居住を前提とする離村者が増加していった。また地方の地主層の子弟を中心として、旧制高校や大学への進学者が村を離れていくのである。

出稼ぎ中心の時代は、つかの間の都市での生活であり、賃金は安く、住まいは狭く、訛り言葉が気になろうとも、故郷を思い父母を思って、異郷としての窮屈な都市生活に耐えることができた。しかし、離郷して先々も都市民として暮らしていくとなれば、言葉や習慣、生活レベル、結婚や住宅、人間関係などが心配事となり、より重く切実にのしかかってくる。そして故郷もしだいに遠くなっていき、せいぜい盆・正月に帰る場所となる。そして次には、父母たちは逝き、墓地にたたずんで先祖をしのぶ場所となっていく。

これまで見てきたように、故郷は生まれ育った場所であり、それは多くの場合農村地域を指している。そして、そこに住まう人々のさまざまな出来事によって、喜怒哀楽の積み重なった人間の場所といえるであろう。ある人にとっては、そこは幸せに包まれた場所であり、懐かしく思い出される場所かもしれない。また別の人にとっては、思い出すのもつらい、二度と帰りたくもない場所であるかもしれない。岩本由輝は、上農層の「遊学の途に就く」ばあいと中農層以下の離郷、また希望と可能性を追って出る「出郷」と、自らの意思に反して出る「離郷」などの差異を語って「離郷の階層性」について述べている（『日本通史』18、『故郷という物語』）。いずれにしても、そこは山や川の光景とともに、人間関係の渦巻く一つの世界であり、その人の心の奥底に刻まれ、残されている数々の記憶とともにあるといえよう。

しかし、生涯そこに暮らす人々にとっては、他郷いわば異郷のことはさして分からず、ただそこで喜び、悩み、悲しみ、忍耐し、あるいは楽しみ、苦しみを経験し、何とか乗り越えながら、自らの居場所を作り、日常を送っているのである。故郷は、どこか異郷に立った時にはじめて、故郷として明確に自覚される。いわば、人が移動することで生起する事態といえよう。異郷に立って、言葉も違い、山河の光景も異なり、人々の所作や習慣など、これまでと違うことを体験することで、故郷はその姿を鮮明にするのである。故郷は、移動とともに生まれくるものである。そして村でも、離郷者からの情報によって、異郷に立った人たちを思い、そして自分たちの村をわが故郷として、改めて自覚するのである。J・B・シャリエは、『都市と農村』の中で、「都市というものは農村との対比によってはじめて性格を捉えることができる。……しかし都市・農村の接触がはっきり現れてくるようになって初めて感知され、体験される」と述べている。

日本型社縁社会の大きな特徴

日本型社縁社会の特徴として二つをあげたいと思う。

第一に、家族主義的経営である。すでに述べたように、〝工業が発展し技術が高まってくるにつれて、企業はしだいに、帰郷を前提とした出稼ぎ型の労働力でなく、技術を習得した質の高い労働力を継続的に確保することを望むようになる。そしてその際、日本企業の多くは、「終身雇用と年功序列」を基本とする日本型企業経営を確立していく。この点は、他の先進諸国とやや異なる家族主義的とされる特徴をもっていたことを忘れてはならないであろう。近代化とともに日本的な〝家族主義的社縁社会〟が形成されていったのである。

その初期における典型の一つが波多野鶴吉の郡是製糸（のちのグンゼ）である。グンゼは京都府何鹿郡《いかるがぐん》の繭生産農家、製糸家を統合する協同組合製糸として発足し、女工もその管内から預かる娘として大切に扱い、女学校並みの教育をするなど家族主義的経営を実践し、良質の繭、良質の糸を生産する企業像を確立した。その考え方はしだいに製糸業界へと浸透していく（『祖田修著作選集・2』）。またその後の松下幸之助、稲盛和夫など日本の代表的な経営者は、人を重視し育てることを旨としている。すべての企業がそうだとは言えないが、日本の企業経営を支え底流に流れてきた精神であるといえよう。

第二の特徴として、極端な大都市集中、とりわけ東京一極集中型の政治・経済・文化環境を形成したことである。当初悪とされた都市の新しい位置づけや都市政策もしだいに確立してくる。都市は文化的生活に必要な商品を供給する生産と流通の中心であり、行政サービスの中心であり、また高等教育や芸術の中心であって、都市はよくこの欲求を満たすものであるとの認識である。フリッチュも、都市の内部に公園や森を持ち、周辺は農村地帯の広がる都市を想定しているのである。この点もハワードの考え方と類似している。しかし根本的に異なるのは、ハワードが巨大都市ロンドンの過密解消のために、その周辺に小都市（いわば衛星都市）を分散配置しようとしたのに対し、フリッチュは大都市の形成を当初から排し、中小都市の全国土的分散配置というドイツ国土政策の伝統の始発点にあるという点である。

それらの思想を発展させ確立したのは、R・シュミットの〝産業・生活田園都市〟論であった（Denkschrift）。ドイツはその後、大都市の膨張を抑制し、中小都市の分散配置、農村との結合を継続的に推し進めていく。それによってドイツ人が理想とする「村に住まい、町で働く」という生活スタイルが定着していく。他方日本は大都市中心、とりわけ高度成長下では東京一極集中へと傾斜し、イギリス、フランス型の道を歩んでいくのである。ここに、その後のドイツと日本との本質的な差異がある。そして大企業と中小企業、中央と地方という経済社会の二重構造性は商品の国内需要の伸びを限界づけ、海外市場へと進出する方向を取らせる原因の一つとなった（『祖田修著作選集・3―都市と農村』）。

3　故郷を足掛かりに成長した社縁社会

危機時の帰郷者受け入れ－リスク緩衝帯としての故郷

また、市場社会が定着してくれば、資本主義特有の景気変動が起こり、生活が翻弄される。一九二三年の震災恐慌、一九二七年の金融恐慌、そして一九二九年ニューヨークに始まる世界恐慌の余波と、相次いで大きな変動に見舞われた。一九二九年の世界恐慌は、第一次世界大戦後天文学的数字といわれる巨額の賠償金を背負わされたドイツで、三年ほどの間に一兆倍という狂乱インフレが起こり、その余波が波及したものである。多くの失業者が街にあふれ、「大学は出たけれど」と、社会上層の子弟でさえ就職が困難な時期もあった。そうなれば、離村して都市生活者となった人たちは、煉獄のような都市をのがれ、郷里以外に頼るすべはなく、錦を飾るどころか、恥を忍んでそこに救いを求めたのである。故郷では、同じく農産物価格の低落という恐慌の余波に苦しみながらも、弟妹を受け入れた。いわば故郷は、恐慌の苦難の受け皿となり、結果として景気変動の緩衝機能の役割を果たしたといえる。

一九二九年の世界恐慌時の先進諸国は、各国とも二〇～三〇％といった失業率を記録し、必死で打開の糸口を探った。いずれも資源を求め、市場を求めて苦吟しながら、主として二つの国家群へと収斂していった。内政充実型国家群としてのアメリカ、イギリス、フランス、海外進出型国家群としてのドイツ、イタリア、日本などの諸国である（『経済学入門』）。

内政充実型国家群は、ケインズの「国家による資本主義の計画的管理・改良」の思想、ないしはルーズベルトなどのニューディール政策思想を容れ、国内経済を再建しようとする。そこでは、まず通貨制度を金本位制から管理通貨制へと変更し、従来のように中央銀行の金保有高にこだわらず、経済状況に応じて紙幣発行が可能となった。それによって政府は国債を発行して公共事業に投じ、雇用を改善し、他方累進課税制を強化して所得再分配機能を高め、投資・消費の両面から有効需要を創出し、経済の活性化・再建を図ろうとするものであった（『ケインズ』、『近代農業思想史』）。

他方、海外進出型の国家群は、軍備を増強し、その力で国外の資源や市場を制し、国内産業の活路を見出そうとする、いわば海外侵略的な思想に立っていた。そこでは郷土愛は愛国心へと拡張され、両国家群の間に起きた戦争へと駆り立てられた。日本も、満州から中国、そして東南アジア諸国へと乗り出し、結局は大戦の末に内政充実型国家群の前に屈した。

この時も村は、働き手を戦場へと送り出し、多くの人を失った。また空襲におびえる都市民が郷里に限らず農村に疎開することを望み、あるいは子供だけでもと農村に送り込まれてきた。やがて敗戦となり、南方から、また満州、朝鮮、サハリンから、多くの引揚者が、命からがら日本本土を目指した。ソ連での多くの抑留者も故郷への思いを胸に、重労働に耐えた。かなりの人たちが、帰国がかなわず現地にとどまり、胸の奥深く故郷への思いをしまい込んで過ごしたのであった。抑留者たちの多くが、故郷をしのぶ自作の唄を歌ったことはよく知られている。その故郷とは母国日本であり、生まれ故郷であった。

帰国後は、とりあえず生まれ故郷の長男家族の元へ戻った。やがて家族は少ない田畑を分けて分家をさせ、あるいは奥山の開拓地へと向かった者は、苦闘の末にささやかな生活基盤を整えねばならなかった。まさに農村は経済的政治的波動の余波を受け入れる緩衝機能を果たしたのである。

「国破れて山河あり」、残されたものは、困難と哀しみの故郷ばかりであった。

戦後の混乱と苦闘

一九四五年八月第二次世界大戦は終結した。

広島・長崎への原爆投下をはじめ、日本の各家庭は空襲を受け多くの国民が焼け出され、その回復には多大の苦労が伴った。さらに各家庭では、せっかくの貯金が、終戦時のインフレと新円切り替えのため全く無価値な紙切れと化したことだ。私の集落のある家でも、すでに戦前から、古くなった家を新築しようと、二㌶余の田畑を耕し、米や野菜の生産に精を出し、必死に働いて貯金をした。当時新築可能な数万円の貯金がたまっていた。ところが終戦後一九四六年二月、インフレ対策として実施された金融緊急措置令によって、新紙幣（新円）が発行され、他方旧円の強制預金と引き出し制限策が採られた。これは事実上の庶民資産の差し押さえ・召し上げであり、旧円は単なる紙切れと化したのである。当時の一万円余は、現在のおよそ一千万円に相当し、数万円は田舎で家を新築するのに十分な金であった。それが一瞬にして無価値となった。家庭は暗い雰囲気に包まれ、不和さえ生まれがちであった。その落胆ぶりが思い起される。

私は一九四五年春、戦後最初の小学一年生となった。教科書はなく、毎時間、今にも破けそうな薄い用紙に印刷されたテキストが配布され、学期末にそれを綴じると、一冊の教科書らしきものになるのであった。また物不足のため、米軍などから払い下げられる衣服やゴムの短靴など、父母と相談し希望者は手をあげ購入した。たいていは希望者が多く、くじ引きとなった。高学年になると、アメリカから購入した小麦で作ったパンや、脱脂粉乳を水で戻したまずい牛乳の給食があったことを思い出す。心身ともに、日本の貧しさへの思いがつのる小学生時代であった。

当時は食料不足の下、主食のコメについて、農家は所有反別に応じて一定量を強制出荷する義務を負う「供出制度」であった。消費者にとっては家族数に応じて食券が配布される配給制度であった。私自身小学生の頃、父に代わって、命じられた追加供出の米一俵を、リヤカーに乗せ二・五キロ先の農協まで運んだ記憶がある。

また、社会は急速に変化していった。入学後しばらくは、担任の先生とともに、ある立派な建物の前に立ってお辞儀をしてから下校した。大切なものがあるとは分かったが、まもなく建物は撤去された。それが何かがわかったのは、ずっと後のことで、そこには天皇のご真影が納められていたのである。二宮金次郎の銅像も戦争のために使われ、台座だけが残っていた。幼いながら、世の中が大きな変化に見舞われていると感じとっていた。やがて、GHQ（連合国総司令部）の非軍事化、民主化政策により、農地改革が断行され、私の村もあわただしく変化していることが分かった。

戦場から帰った若者たちが、思想的な拠り所を失い、新たな思想や宗教を求める時代でもあった。

村を足掛りに高成長した社縁社会

こうした混乱の中で、「もはや戦後ではない」との弾《はず》んだ記述をしたのは、一九五六年度の『経済白書』であった。およそ一〇年をかけて、戦前水準の生産力を何とか回復した日本経済は、一九五四年（昭和二九年）以降、神武景気、岩戸景気、いざなぎ景気などと、一〇％前後のあいつぐ高い成長が続き、やがて「世界の工場」、「ジャパン・アズ・№1」などと言われるなど、アメリカに次ぐ世界第二位の経済力を持った国へとのし上がっていくのである。

高度成長期に入ると、まず農村に滞留していた満州等からの帰還者や次三男が、東京や大阪などの大都市へと流出していった。三月ともなると、〝集団就職列車〟と呼ばれる特別仕立ての長い車両が用意され、各地方都市の駅では、行く人、送る人で混雑した。私自身も、一九五九年に受験のため京都に向かった。それも就職者や受験者で満席であった。これからの希望と、合否への不安感を抱えながら、出発したのを覚えている。

やがて高度成長が始まって数年もたたないうちに、農村の長男さえも流出するようになった。所得の都市・農村間格差がいっそう広がり始めたためである。一九六〇年代のことである。そして一九六一年農林省は農業基本問題調査会を設け、農業経営の規模拡大（構造政策）、米中心から果樹・畜産等の振興を促す選択的拡大（生産政策）、農工間所得格差の補てん（価格政策）等を目指す報告書が出された。そしてそこには、農家数の減少の見通し、兼業農業は非効率だとの見方、貿易自由化による根本的経営改革の必要といった厳しい内容が盛られており、農業経営に対する農家の不安が急速に高まったからである。

農村育ちの若者は、農業にいそしむ父母たちと同じ誠実な勤労観を持ち、重い労働に耐え、簡素に暮らし、さらには父母が小さな脛をますます小さくして、自分を高校や大学に進めてくれたことを知っている。そして自分たちもまた、真面目かつ勤勉に働いた。まさしく農村は奇跡の高成長を下支えしたのである。農村住民は困難に直面する農業の立て直しに苦闘することになっただけでなく、都市に向かう子供たちの前途を案じ、少しでも高い学歴をつけさせようと、細い脛をますます細くしながら教育費を負担したのである。その労苦の上に高成長があったことを忘れてはならない。

都市に出た若者たちの苦闘

生涯就業先の企業で働くことを決意して都市に向かった若者たちにとって、そこはまさに異郷の地であった。東京、大阪、名古屋と、大都市へ出て行った若者たちは、中・高卒業者が多かったが、しだいに大都市部の大学を出て、そこで就職する若者たちが増加した。大都市膨張のメカニズムが出来上がったのである。大学に入った者は、都市社会の荒波にもまれるまでには、まだ四年ほどの猶予がある。中・高卒の若者たちは、さっそく異郷の地での苦闘が始まる。

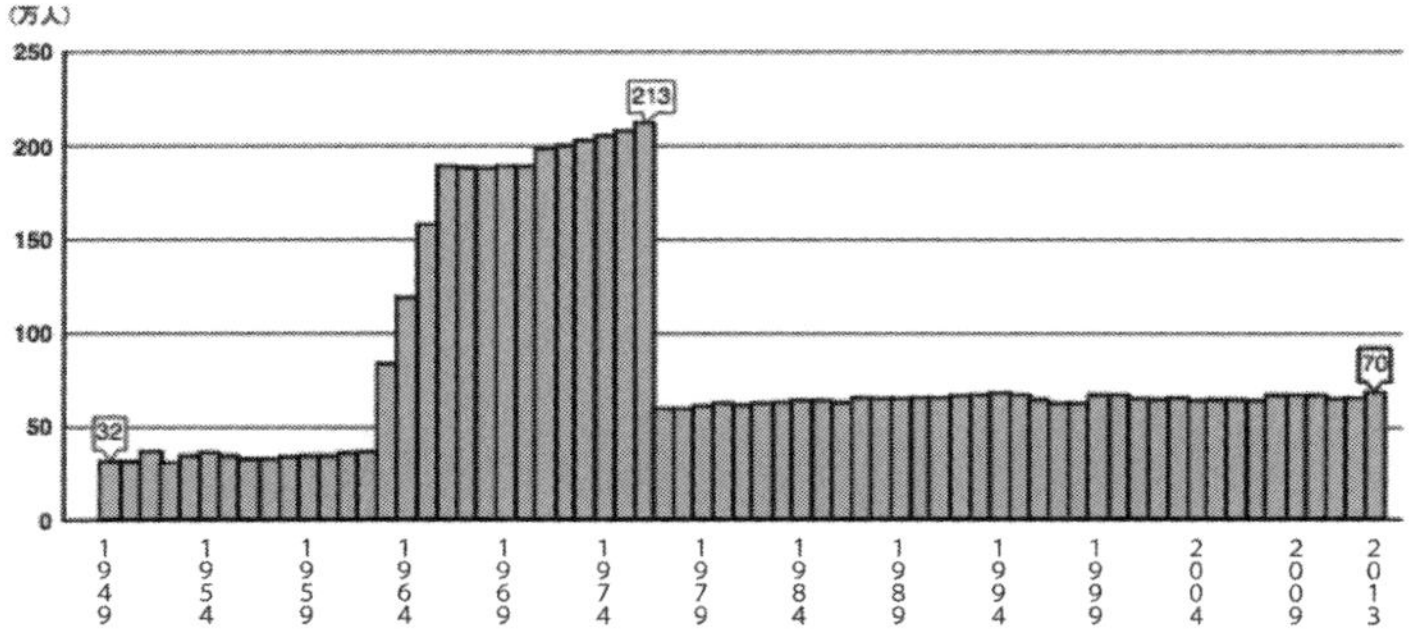

図3―2　諸宗教の教師数の推移(1949～2013年)
出典)文化庁文化部宗務課「宗教関連統計に関する資料集」2014年　2頁

しかし当初はまだテレビも普及しておらず、独特の方言やなまりが気になり、気おくれもしてしまう。高校、大学への進学率の高まりは、都市の方が農村よりも一足早く、農村出身者は都市の若者たちに、つい後れを取ってしまう。給与も少なく、きらめく都市のネオンや歓楽街の雑踏は憧れでもあったのに、自分には無縁のもののように思われてくる。そうはいっても、たいていの若者たちは、まじめに働きさえすれば、解雇などはなく、正規社員として、戦後できた強い労働組合に守られ、高成長の下で給与が毎年上がり、生活内容も徐々に向上していく中で、頑張り通していった。盆暮れには土産を抱え、親元にささやかな安心と喜びをもたらしたのである。

ただ、少なからぬ若者たちが、仕事になじめずに転職し、故郷を思っても今さら帰れるわけもなく、居場所に戸惑って孤独に沈んだのである。そのころ、新興のさまざまな宗教が生まれ、彼らに救いの手を伸ばそうとした。図3—2は、宗教法人の教師数の推移を示すものだが、法人数は一九五五年頃に増え、教師数が一九六〇年代に急増する。それは農村から若者たちが大都市へと流出する時期と重なり合っている。激しく変化する社会と青年たちを取り巻くさまざまな悩みと向きあおうとする面も強かったと思われる。疲れを癒す心の故郷としての宗教が必要とされたのである。私自身も、一九六三年春から東京に勤務したが、下宿には、しばしば布教をする人たちが訪れてきた。

こうして、農村を去った若者たちも、村に残った親たちも、苦闘の日々を続けたのである。その困難な現実の姿は、第1章で見た通りである。さらに社縁社会の中核をなす工業化・都市化の陰で、それとは対照的に農業・農村はさらにとめどない衰退の道を歩むことになったのである。

第4章

心の故郷の喪失
―故郷であることをやめる農村

1　高度成長下の農業・農村の変化

明治以降、農村社会は村を出た若者に対し、市場社会につきものの経済波動、恐慌、あるいは戦争といった大きな社会変動の中で生じた苦難や破綻を受け止め、場合によっては帰郷の道を開いてきた。しかし、その麗しい故郷の心根と行動様式は、工業化、都市化の下でしだいに変容し、考え方を変えてきた。

農村の都市化と農家の対応

一九四五年に第二次世界大戦が終わり、日本はおよそ一〇年間の戦後復興期を終え、その後は高度成長時代へと突入した。そして工業化・都市化が進み、過疎・過密等の現象が増幅していった。激動期に入った農村の自治体から、将来の方向を探るべく、実態調査や将来計画立案などの依頼が、次々と大学の研究室に舞い込んだが、当時助手だった私は躊躇なく引き受け、学部学生や大学院生とともに、農村に入った。特に一九六七〜八年奈良県山間部の曾爾・御杖地域、同平野部の大和郡山市での二つの調査は、私にとってまことに印象深いものとなった。

当時、御杖村や曾爾村はすでに過疎化の様相を深め、村も将来の方向について苦吟していた。

そこではすでに若者が都市へと去り、過疎化の傾向が顕著で、曾爾村の村長さんは、「道でお腹の大きい娘さんに出会うと、知らぬ人でも〝がんばって〟と精一杯の声をかける」と言っていた。そこでは農地価格も下がり、農業だけでは生活が成り立たず、かといって近傍に適当な農外就業先も見当たらず、若者たちは村を去っていったのである。

それとは対照的に、大和郡山市は、稲作、金魚や鯉、イチゴやトマトなどの近郊野菜の生産地として、比較的活気のある農業地帯であった。しかし、急速に工業団地化・宅地化が進み、農地の売買が盛んになっていった。この対照的な二地域の動きは、高度成長下の農村の特徴的な動きを物語っている。

特に、大和郡山市の調査では、農村の工業化・都市化過程がどのように展開していくか、農業者はどのような意識で、どのような行動をとって対応していくかの考察であった（「都市近郊農民の行動様式」）。これら二つの調査は、いわば私の郷里のことであり、日本農村の将来のことでもあると思われ、切実な意識で取り組むこととなった。概要から先に言えば、都市拡大がもたらす農業への影響は、近郊地域ではおよそ次の五点に集約できる。①土地需要の増大に伴う農地転用と地価の高騰、②労働力需要の増大に伴う労賃上昇と兼業機会の増加、③人口流入と生鮮農産物需要の増大、④都市的価値観の浸透、⑤新たな選択を迫られる農家、などである。

その際。農家の対応の特徴は、私なりに整理すれば、①農業の発展を目指す農家群と、兼業化しさらに離農へと向かう農家群に二分されること、そして離農する農家は、最終的に②「漸次安定移行の論理」および「三〇アール保留の論理」という二つの行動論理を形成すること、③都市化の初期段階で、すでに三〇アール程度だった農家は、一五アールほどを残すということ、などであった。

これらは、何を意味しているのであろうか。そこには長い歴史の中で形成された、故郷としての農村の深い思いが隠されているように思われたのである。

開発当初の急激不安定移行

都市化の影響は地価の高騰と農地売却に最も象徴的に現われる。図4―1のように、地価は都市拡大前の一九六〇年頃までは、ほぼ一〇アール当り上田で三〇万円程度であったものが、八年後の一九六八年には、一〇倍の三〇〇万円を超えるようになった。農地売却は一九六〇年の二，四四二ヘクタールから六六年の二，二〇〇ヘクタールへと六年間に二四〇ヘクタール減少した。農家戸数も三，〇四五戸から二，七八三戸へと急激に減少している。いっそう農業にいそしむ地区や農家も多いが、かなりの農業者

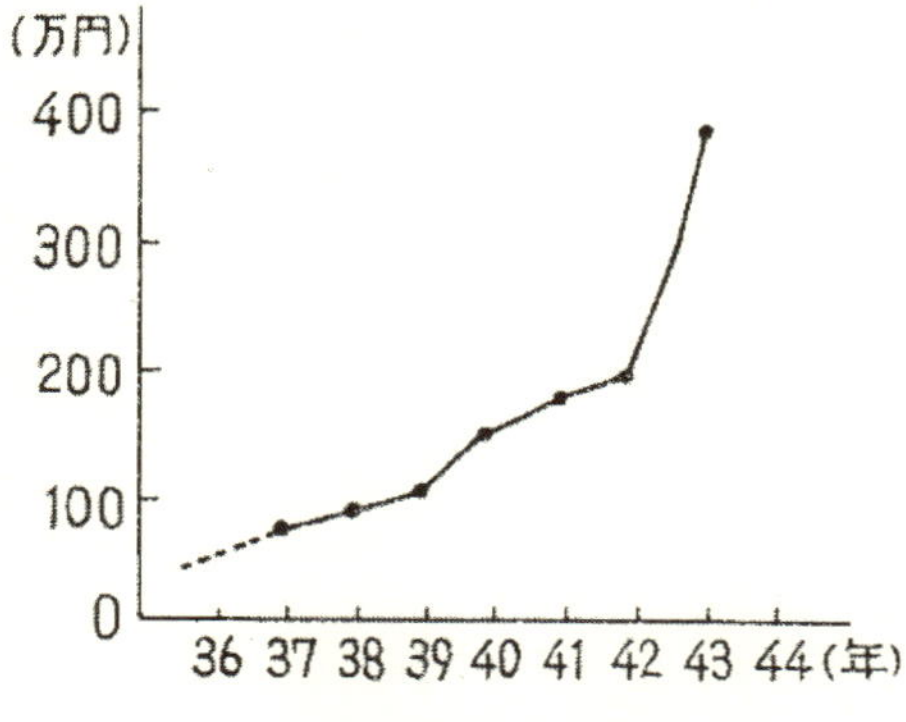

図4―1 農地転用価格の推移

注）祖田修「都市近郊農民の行動様式」『農林業問題研究』18号 1969年6月 83頁

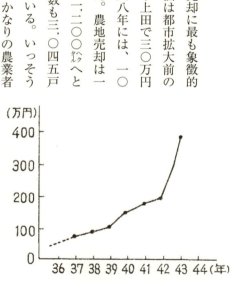

が農業縮小・脱農化の方向へと動く。

市内で最も早く、一九六二年から六六年の五年間に急激な変動を遂げたのは、昭和地区であった。そこは最も早く地価が高騰し、農地売却が進んだところであった。農地を手放す以上、多額の売却代金はあるものの、何らかの定期的な収入の道を他に求めなければならない。ほとんどの農業者は、新卒者と異なり、非正規の日雇い的な作業、肉体労働、生産工程の一部を担う単純技能労働といったものが多く、低い地位に甘んじ、将来性も少ない、低賃金で不安定なものにならざるをえなかった。

また、さしあたり巨額の土地代金が入ったのち、多くの農家が、家屋の新築・修理に投じ、証券投資、借金返済、アパート建設など、慣れない領域に手を出し、失敗するケースも多かった。都市化初期段階の特徴は、急激的な農地売却、不安定農外就業、売却代金の非生産的使用という点にあった。その状況を見た周辺地区の農業者が認識した主要な点は、インフレ要因以外の地価上昇要因が偶然的・一時的なものでなく、恒常化してきたこと、また農外就業は単に雇用契約があればよいというものでなく、その内容や安定度が問題であること、慣れない投資に手を出しては、元も子も失う、といった点であった。

こうして初期の急激不安定移行の反省の上に立って、次の段階では〝漸次安定移行〟の行動様式が形成されてくるのである。

漸次安定移行の論理へ―農地売却代金の移転費用化

都市拡大の第二段階においては、農外就業の仕方も計画化し、単なる雇用契約でなく、その内容を問題とし、第一段階で見られた低賃金・臨時雇用形態に甘んずるのでなく、出来る限り都市の一般サラリーマンに近い、そして、少なくとも次世代では同等以上の条件を確保して安定的移行を意図するようになる。その最も顕著な表われは、次世代の子弟に対する教育投資であった。

図4―2は、一九六八年七月現在での、大和郡山市における「子弟に与えたい教育水準」に関する一九二戸の回答であるが、中学卒が〇・八%で皆無に等しく、高校卒三二・二%、専門学校程度一三・五%、短大卒一一・四%であり、大学卒を実に四二・一%が意図している。それまで、ほとんどが高校卒であったのと比較すると、大きな変化である。脱農化を長期的・安定的に行う方向に動く。子弟の教育水準を大きく高めて、安定的な農外就業をさせること、経営主の場合には、安易に日雇、臨時雇用等に頼るだけでなく、農業を漸次縮小しつつも、農地や残存農具、長年培った農業技術を活用継続していこうとする傾向が強くなる。

それは、漸次的農地売却による安定的移行の論理形成で

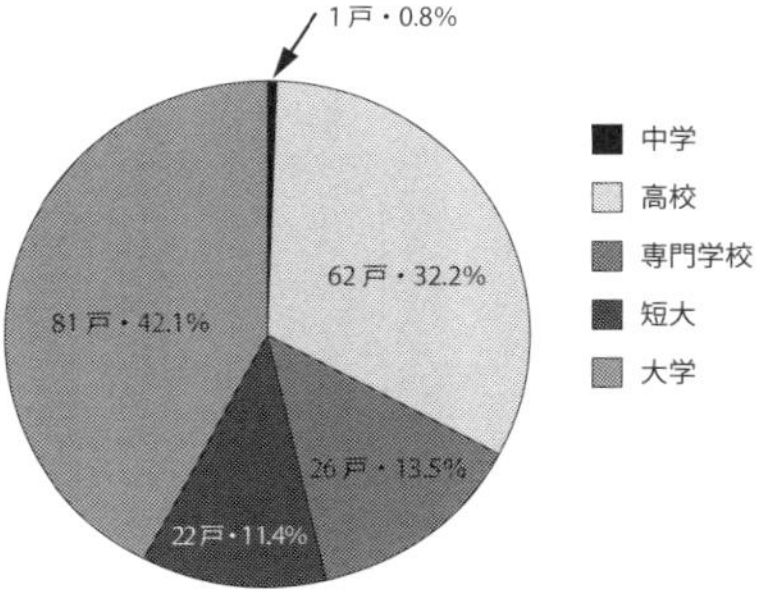

図4―2　子弟教育への意向（9集落）
注）図4―1の注に同じ。「お子様がおられる場合、どの程度までの学歴を希望されますか」への答え。1968年7月のアンケートより

あった。私はその背後にあるものを「移転費用の認識」と呼んでいる。土地代金の一部を、農家から非農家への移行に伴なって、必要となる「移転費用」に当てるのである。移転費用とは、自家の生活軌道の転換・再編のために要する種々の費用であり、ここでは①子弟を安定農外就業させるための高校、大学への教育費、②農地売却による農業所得低下分の補充、③都市的生活様式への対応、たとえば家屋の新・改築や応接室や家具の設置、④自家用車の購入などである。これらの移転費用によって、農業者は子弟が学歴を付けて農外就業し、両親と同居あるいは扶養することができ、自立した一家庭を維持するようになるまでの一定期間を、円滑裡に経過するのである。

　こうして、農家は農地売却代金をバックにして、徐々に脱農していく場合、「世代交代・脱農速度＞農地売却速度」となれば無理が生じて円滑な移行を妨げることとなり、「世代交代・脱農化速度＜農地売却速度」となれば資産の非経済的喰い潰しが生じることとなる。結局「世代交代・脱農速度＝農地売却速度」であることが理想的である。

　こうして、第二段階では〝漸次安定移行〟という農家の行動論理が形成されたのである。

三〇アール保留の論理―麗しい故郷であろうとする村

農業者全体の意向を見ると、自らの現状を改変する場合、農地売却の程度や、農地取得についての希望の射程範囲は、そのリスクを考えてのことと思われるが、現状から最大四割程度の範囲に抑えつつ、漸次移行していくといえる。このことは必ずしも移行の速度を明示してはいないが、岐路に立った人間行動の一面として興味深いものがあった。

いま詳細を述べることは避けるが、階層別の意向はおよそ次のように理解された。一ヘクタール以上層は、農地を購入して農業拡大するか、あるいは現状維持の意向を持つものが圧倒的、八〇アール～一ヘクタール未満層は、農地売却希望が二六％と増える。五〇～八〇アール未満層は、農業への意欲は急減し、売却希望が三割を超える、三〇～五〇アール未満層の小規模層は、売却希望が急増する。しかしここで注目したのはいずれの売却志向農家も「三〇アール程度は残したい」と答え、三〇アール保有に執着する農家が急増する。⑥三〇アール未満層はやむなく一五アールに執着する。これを私は「三〇アール保留の論理」と呼んだ。

この、「三〇アール保留の論理」の背後には、聴き取りやアンケートから次のような理由があると思われる。

現代の農業技術をもってすれば、一五アールは一家族（五人程度）の消費する米と野菜を最低限確保できる規模で、いわば家族にとってまさかの場合の生命線といえる。したがって、失職など何らかの理由で弟妹の家族が帰還してきた場合、二家族分の最低限の〝生存線〟が確保できる。もし完全に農地を売却してしまえば、高年層・婦女子の労働力は、おうおうにして遊休化し、農業技術や労働への能力・意欲を残しながら、実際はそれがゼロに帰すること。完全離農した場合には、これまで所有していた機械、器具、施設等の農業資本財が廃棄価しかもたなくなる。残存農業資本財の活用の道を残すことは合理的である。三〇アールの経営は都市における内職と同様の意味をもつ。また都市化が継続的であるならば、農地は最も安全確実な財産保存方法であること。「先祖の残した土地を全部は手放せない」といった観念も強い、等々である。

　こうして、農家は農地売却により、離農過程に入る場合、「漸次安定移行」、「三〇アール保留」という二つの論理で動いており、まことに興味深いことであった。とりわけ「三〇アール保留」は、故郷を去った弟妹が、失業や病気などに追い込まれた際、村への帰還を許容して、最低限の生存を保証し、頼りがいのある故郷であろうとしたのである。また不況時、第二次大戦後などに帰還者を受け入れてきた、かつての村の経験と麗しい論理が、胎教化さ

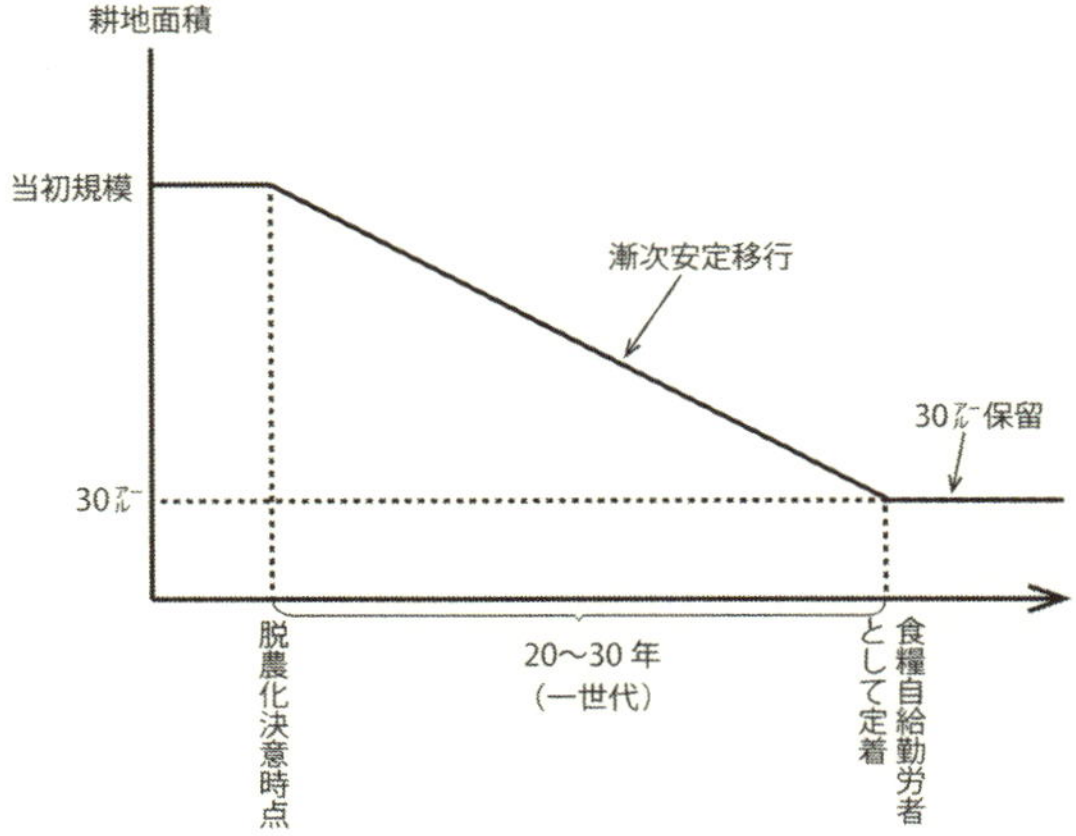

図4―3　脱農化農家の行動様式

注）祖田修「基本法農政の展開と論争」『戦後日本農業の史的展開』（三橋時雄編）、ミネルヴァ書房、1975年、258頁。これまで述べた「漸次安定移行の論理」、「30アール保留の論理」等、脱農過程の行動様式を摸式化したもの

れて働いているように思われたのである。
これらの過程を図式化して示せば、前頁の図4—3のようになる。

三〇アール保留の論理の意味

すでに述べたように、昭和恐慌や終戦時に弟妹の農村帰還者を受け入れたかつての農家の経験から、故郷としての農村、家郷としての農家集団は、いついかなる時も、自らの家族の生存だけではなく、せめてもう一家族分の生存そのものを保証する、三〇アールという生命線を確保しておかなければ、という論理を胸の内にしたのではないか。

一五アールあれば、コメ五〇〇キロ、各種野菜や雑穀が取れる、山に行けばキノコやコンニャク芋、ワラビやゼンマイ、川に行けば雑魚や貝、そして庭先には柿やイチジク、ビワや栗がある。家族は糊口をしのぎ、次の機会を待って生き延びることができる。三〇アールは、まさに二家族分の生存そのものにかかわる生命線なのであった。こうした麗しい論理が、各農家が自覚的であるかどうかは別にして、歴史の中で形成されていたといえよう。

それは村が、村から去った者、去ろうとする者に対して、その良き故郷であろうとし、家郷であろうとし、居場所であろうとしたことを意味している。

2　故郷であることをあきらめ、やめる農村

一五アール保留への切り替え

だが、その後の高度成長と、引き続く人口流出、高齢化などで、村は故郷であることをやめようとしている。大和郡山市は、比較的恵まれた都市近郊農村であったが、純農村地帯ではなおのこと自らの生活と弟妹達への思いは深く、同時に複雑であった。どの村も都市の高度成長の下で衰退し、もはや故郷であることができなくなっている、あるいは故郷であることをあきらめたというのが現実である。

三〇アールを農地売却の下限とし、その保留を論理とした村は、その後はしだいに一五アール保留の方向を取っている。それは一家族生存の保証分である。もはや弟妹のためという思いからではなく、自らの生命線としてである。

さらに今、中山間地域では、高齢化が激しく、後継者も都市へと流出しているケースが多く、土地の資産価値は極めて低い。シカやイノシシなどの鳥獣害も加わって、耕作放棄地がじわじわと広がっている。一五アールあるいは三〇アールは、家族の生命線どころか、生活基盤そのものが根底的に奪われつつあるのだ。貿易自由化で林業は成り立たず、また農業は、アメリカのおよそ二〇〇

ヘクタール、オーストラリア三〇〇〇ヘクタールといった、日本の一〇〇倍、一〇〇〇倍の規模をもつ新大陸型農業の農産物に圧倒され、その展望を開きにくいからである。平野部の農業地域や、近傍に都市部をもつ地域では、兼業化したり近郊野菜産地化となるなど、ある程度の対応策はとれるが、農業への明るい展望は描きにくい。一五アールだ、三〇アールだといった農地保有の意味は、ほとんどなくなったといってよい。それどころか都市近郊にも農村部にも、耕作放棄地が広がっている。

農村は自らの居場所さえままならず、離村者の故郷であることをあきらめ、あるいは故郷であることをやめようとしているのである。

故郷・居場所の行方

それには、ほかの事情も関係している。高度成長の過程では、工業の成長、都市の発展は目覚ましく、労働力の「金の卵」（中学卒、やがて高卒生）と言われた都市流出者たちの賃金も、終身雇用制度の下で、比較的安定しており、農業所得より有利であることが多かったため、失業しての帰村といったことは少なく、三〇アールの生命線を用意して、故郷であることを続ける必要も薄らいだのである。

多くの村で秋祭りや天神講などの行事が消え、青年団組織や婦人会、壮年層の寄り合いといったものが弱体化し、自主的な消防団組織も成り立ちにくい状況なのである。中には寺や神社が崩れ落ちてしまっているところさえある。したがって、流出した人たちが盆や正月に帰った時に、久々のお祭り騒ぎをし、できるだけ賑やかに過ごす機会をもつしかなくなっている。かつて一〇数万といわれた日本農村の基礎単位としての集落は、徐々に減少し、消滅寸前の「限界集落」などと呼ばれる地区が増えている。全体として集落機能の低下は著しい。

まさに多くの故郷が消滅の危機にあるといってもよいのである。今は、高齢の父母だけが住まう家も多く、もし亡くなれば、先祖代々の地はまさにさみしい、単なる昔日の故郷となってしまう。そして都市で生まれた孫の代には、故郷ははるか彼方に消えていくのである。

しかし気がついて見れば、都市の側では、非正規雇用や低賃金雇用が広がり、終身雇用制は緩みがちで、そこに生まれる若者の苦難を救済しようとしてきた麗しい村の機能が思い起こされる。今、都市に蓄積する諸問題は、改めて新たな農村の役割を期待しているようにも思われる。都市も農村も困難と不安を抱いた人が多く、日本社会の行方、私たちの故郷、人間の居場所について、深く考える時ではないか。都市も農村も、大きな転換期を迎えているのである。

第5章

魂の故郷の喪失
―変わりゆく死後の居場所

1　宗教と寺社の衰退

若者たちの問題だけではない。都市にも農村にも多くの高齢者が、二人あるいは一人で生活を続け、少なからぬ人が失意と孤独の暮らしの中にある。高い家賃という住宅事情や核家族化の中で、つつましくさみしい生活を送っている。これまで心の支えでもあった宗教や寺社も都市や農村の変化に対応しきれず、衰退の道をたどっているように見える。

祖先を祀る氏神さん、また祖先の居場所であったお寺さんや墓地は、守る人が少なくなり、しばしば朽ち果て、お参りする人も少なくなっている。心の故郷、魂の故郷は、今危機に陥っている。その背景として、高度成長とともに進んだ、大都市への人口、経済、政治・行政の極端な集中があげられよう。そしてその陰は都市における心と魂のありようにも及んでいる。

寺社衰退の衝撃

このところ、人々の宗教離れ、寺社の運営行き詰まり等を訴える調査や出版物が増えている。一九八〇年代に、いずれの新聞紙上であったか、人口減によって村がすっかり過疎化して、寺院が成り立たず住職不在の本堂が崩壊してしまった写真を見た時、私は言い知れぬ恐怖感にも似た驚きを感じた。寺院だけでなく、氏神の社殿についても同様のことが起こっていたのである。

私が生まれた戸数約六〇戸の集落にも、谷の奥に氏神さまとお寺さんが隣り合わせで建っている。寺院は、永平寺・総持寺を本山とする曹洞宗の寺である。そこは、家族が亡くなれば、悲しげな木魚や鐘の音、住職の読経とともに、あの世へと送り届ける、厳かな場所であった。その鐘の響きは、奥の方から谷全体へとかすかに響き渡り、村人の悲しみを誘った。またお釈迦様の生誕を祝う灌仏会《かんぶつえ》などの仏教行事が行われ、皆がお釈迦様の像に甘茶《あまちゃ》をかけた。農繁期がくれば幼児を預かる臨時の保育所ともなった。

さらに戦時中は、都市からの学童疎開の場所となった。その時ばかりは、聞き慣れぬハイカラな言葉を使いながら、本堂の中を大声で走り回る同じ年頃の子供たちを見て、いつもの自分たちの場を奪われた気がした。上級生たちは、道を行くその子供たちに向かって、「お前たち、帰れ」とはやしたてた。それは幼いながら、まるでかけがえのない自分たちの聖なる場、古里の場を奪われたかのような感覚であったことを思い出す。今にして思えば、遠来の子供たちにとっては、父母から離れ、住み慣れた街を去った悲しみを抱え、せめて友達とはしゃぎ合うことが、唯一の救いであったに違いない。何も知らない幼年期の思い出である。

また、氏神さまの広場は、子供たちにとってリレー競争、幅跳びや走高跳び、相撲、アリジゴク探し、などの遊び場であった。境内の奥の大木には、カブトムシやクワガタが樹液を吸いに集まるので、誰が朝一番に駆けつけて取るのか競争であった。秋祭りには、子供たちは神輿を担ぎ、「しっさん」（獅子）をかぶって村を回り、飴やパンなどのお菓子をもらった。太鼓や笛の音が村中に響き、祭りの旗が風になびく。境内に登る長い階段の下には、出店が数軒並び、さまざまなお菓子や仮面、独楽《こま》や人形などのおもちゃが並び、綿菓子の機械を回しながら、おじさんが「さあ、いらっしゃい」と声をあげる。わずかな小遣いだが、店の前に張り付いて欲しいものを選ぶ。祭りでやってきた親戚の叔父や叔母からもらうお小遣いは、お年玉以上に嬉しいものであった。年に一度のまことに待ち遠しい数日であった。

当時の寺社は、こうした悲喜こもごもの村の日常を映し出しているのである。去るにせよ残るにせよ、どの村人にとっても忘れがたく、故郷に不可欠な場所の一つであった。その寺社の本堂や本殿が崩れ落ちる村があるとは、日本の経済発展と裏腹に、変わり果てていく村々のことが思われるのである。

無惨な故郷の姿

島根県西部・石見地方を調査した乗本吉郎は、すでに一九八八年段階で、この地域の総寺院数二三九ヵ寺のうち、無住化した寺が三分の一の七七ヵ寺、本堂まで崩壊してしまった寺が二九ヵ寺もあったことを実証している（『過疎問題の実態と論理』）。この事実を受け、当時ＮＨＫは特集「寺は消える」(一九八八年一二月一二日)を放送した。

しかも、この地域のある邑智《おおち》郡では、高齢者の自殺率が全国の二倍に達した。一九九〇年段階で、邑智郡の人口はおよそ三万五千人、世帯数八千戸、寺院数一三〇ヵ寺で、平均檀家数は七二戸であった。専従の住職のいる寺院は七ヵ寺(六%)に過ぎず、無住寺院も三〇ヵ寺(二七%)ある。高齢者に寄り添って布教にあたることなど、とてもかなわない。老・病・死に関する法話の会を開けば、多くのお年寄りが集まるのだが、寺の方では開けば開くほど赤字になり、ままならない。こうして後継ぎが去り、頼るもののなくなった高齢者は、寂しさのあまり自死への道を選ぶのである。

できるだけ高学歴をと、教育費をつぎ込んできた若者たちは去り、寂しさがつのるだけではない。先祖代々の農地を荒らすわけにはいかず、老骨に鞭打って重労働に耐えねばならない。戦後しばらくは、農地解放で農家は息を吹き返し、米の値段もよかったが、やがて生産過剰の時代となり、副業や兼業に精を出さざるをえなかった。木材の生産や薪炭生産、蚕糸業などは、それまで副業として大きな役割を果たしていたが、貿易自由化で真っ先に開放されたのが木材であり。燃料革命の中で、薪炭は電気や石油、ガスなどに変わり、にわかに農外就業といっても、「弁当産業」と称される土木工事などの日給作業がほとんどであった。

農村から都市に出た若者たちは、誠実で勤勉な労働力として、高度成長を下支えした。こうした成長を続ける大都市に比して、多くの農村地域はそれを下支えしただけでなく、逆にその生活基盤を失い、衰勢の一途をたどり、至る所でさびれた姿をさらすこととなったのである。故郷は寂しである。都市へと急ぐ若者たちにとって、「故郷を去る」、「故郷の衰退」という、二重の意味で〝故郷喪失〟の時代となっていったのである。

続く寺社の衰勢―農村も都市も

寺社の衰勢と再編は、中国地方から始まり、今も全国的に波及している。

二〇一七年に、京都新聞が行った調査によれば、およそ三〇年前の島根での調査の状態が、いっそう全国化し深化していることがわかる。この調査は、全国展開する規模の大きい一〇宗派、および京滋地域の真言宗智山派、臨済宗妙心寺派、曹洞宗の三宗派をめぐるかなり大規模な状況調査である（「京都新聞」、二〇一七年四月二五〜三〇日）。これらの宗派の末寺数は計六万二六〇〇にのぼり、全国寺院総数の八割以上にあたるから、日本仏教全体の現状を捉えるものといってよい。

それによれば、「一寺一住職」が原則だが、専任住職のいない無住、兼務、代務等の末寺は一万二九六四（三五％）と増加し、先の臨済宗が三二％、曹洞宗が二二％に達する。それは、僧侶の資質低下、檀家との関係希薄化、さらに廃寺へとつながっていくという。もっとも他方で、大都市圏では寺院の合併や新設もかなりあるようだ。神社についても同様の状況が見られる。中には四三の神社の宮司を兼務している例さえあるという。寺社も一定の檀家や氏子がなければ、経済的に維持困難に陥る。

　これらはいずれも、都市膨張と地方の過疎化という都市・農村関係、地域の総人口や戸数減少、高齢化の延長上にあり、「さらには信仰心の薄れ」がある。それは世界的な傾向でもあるという（『宗教消滅』、『お寺さん崩壊』）。

　文化庁は長い間『宗教年鑑』を出し続けているが、それには宗教法人数や信者数の推移について興味深い報告が含まれている。その二〇一七年版によれば、図5—1のように、二〇一五年段階での日本の諸宗教信者数は、仏教系八八七二万人、神道計八九五二万人、キリスト教系一九三万人、諸教八七二

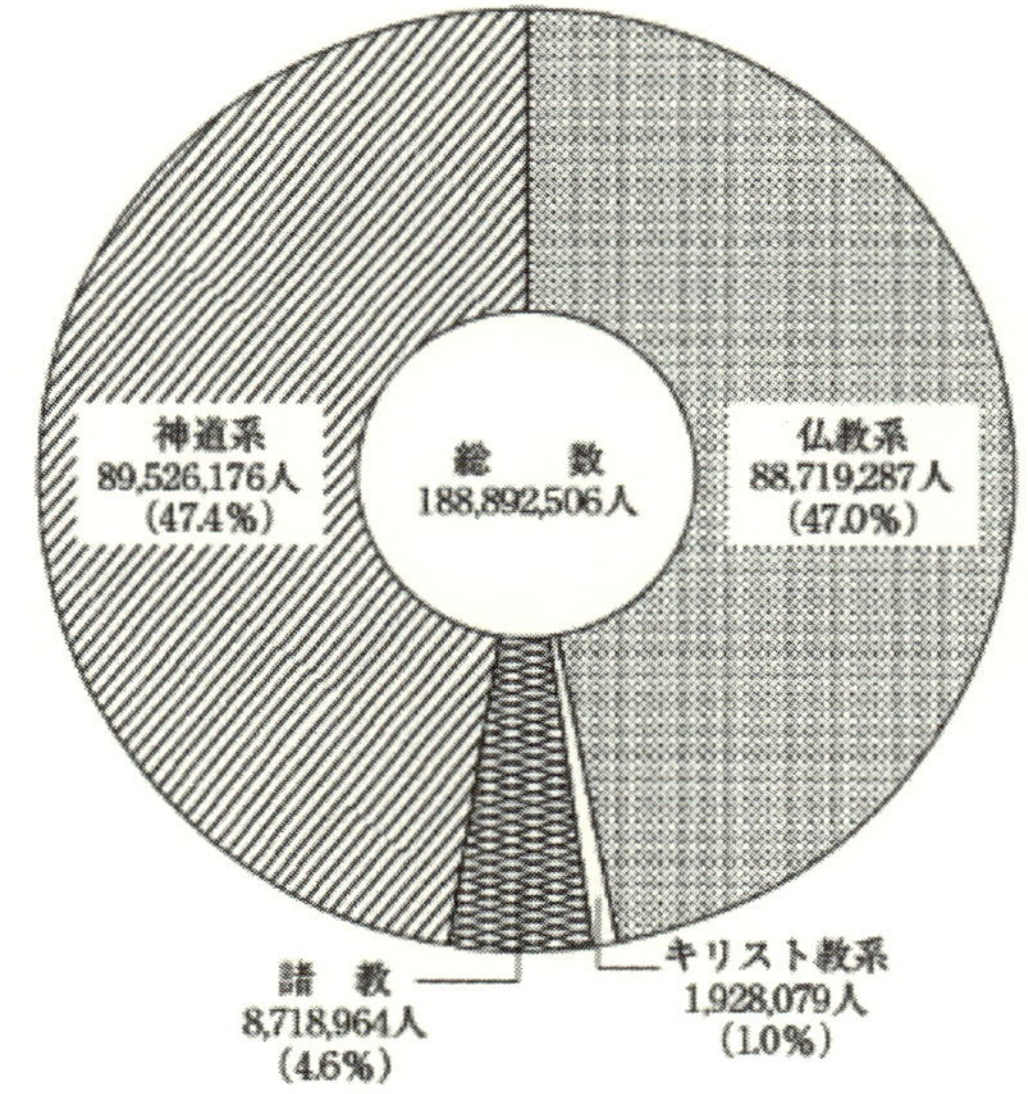

図5—1　諸宗教の信者数構成（2015年12月現在）
出典）文化庁『平成28年度宗教関年鑑』2017年　35頁

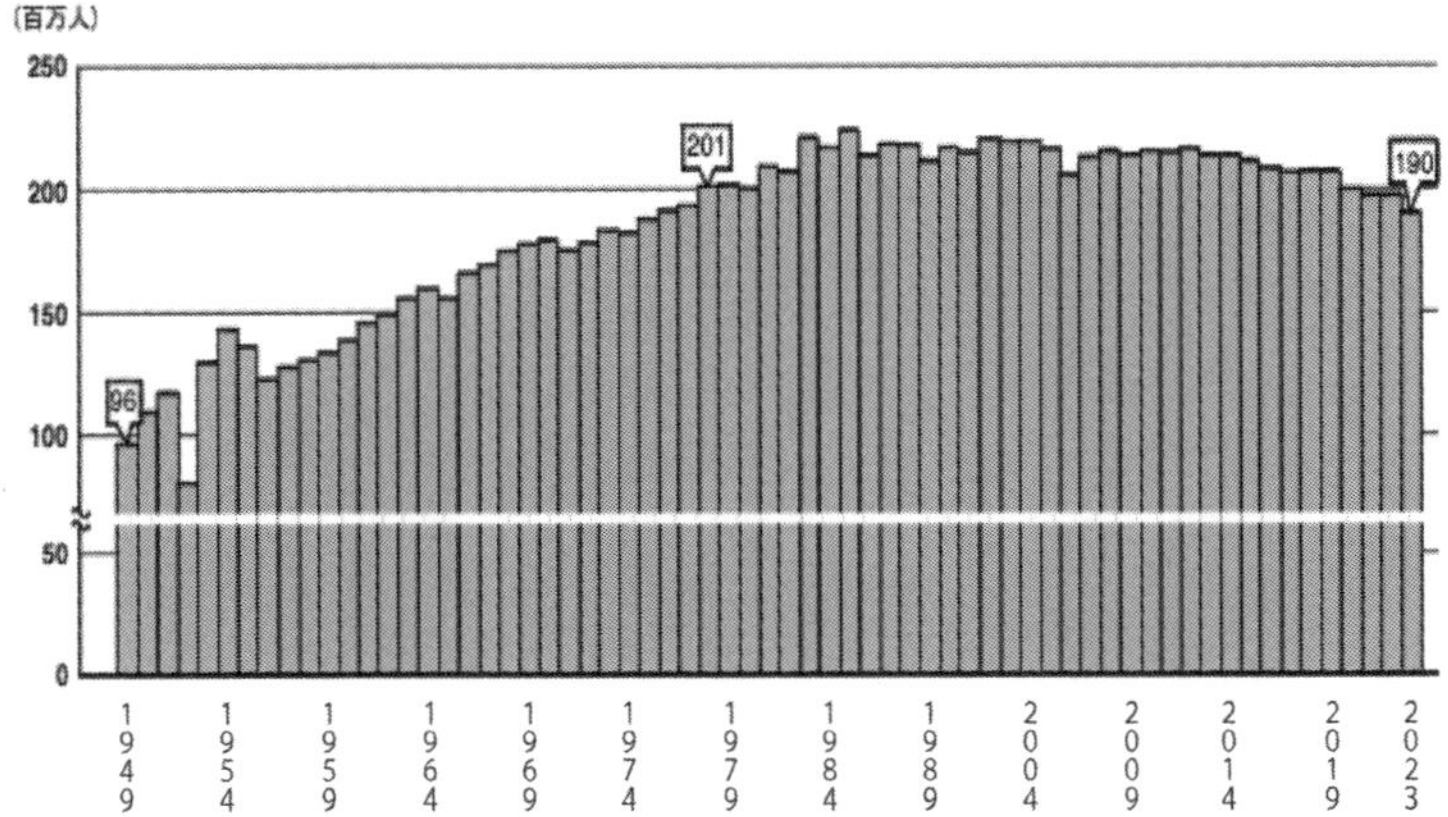

図5—2　諸宗教信者数の推移（1949～2013年）
出典）『宗教関連統計に関する資料集』文化庁文化部宗教課　2015年3頁

万人、総数一億八八九三万となっている。総数が日本の人口を超えるのは、宗教法人の申告をそのまま採用していること、神仏混交の習わしがあることなどによるものといえよう。

　これらの長期的推移をみると図5―2のようになる。そこには興味深い時代の動きが反映されている。戦後の混乱期には、社会経済の崩壊、親族を失った失望や思想の混乱の中で、あやしげなものも含めて、さまざまな宗教団体が生まれたことがわかる。やがて昭和三〇年代以降の高度成長が始まり、若者たちが三男、次男、やがて長男までも都市へと向かう時代が訪れる。都市に出た村の若者たちは、親から励ましの声とともに、「甘い言葉に騙されるな」などと教えられ、期待とともに恐ろしげな異郷の地へと向かう。そのころ都市では、故郷を去って孤独な若者、言葉の違いや習慣の違いに戸惑って引っ込み思案になりがちな若者たち、自由競争の渦に巻き込まれ我を忘れている若者たち、安らぎの居場所を求めている若者たちを対象に、さまざまな宗教団体が生まれ、勧誘の声が渦巻いたのである。そして郷里の宗教・宗派とは異なるものに入信することもあり、その意味でも故郷を離れたのである。

若者たちの戸惑い

しかし、石油危機や環境問題、そしてリーマン・ショックなどによる不況期を経て、事態は一変した。高度成長は終焉し、賃金の上昇は止まり、若者たちは就職氷河期を迎え、受難の時となった。神も仏もないと落胆し、信じるものもなく、経済の波動の中に生命をつなぐほかはないという若者が、少なからず生まれた。こうして、都市でも農村でも、信仰心はとかく薄れがちとなり、寄る辺なき故郷、宗教の衰退といえる現象が進んだといえよう。

いま若者の就職率はようやく回復しつつあるが、企業は海外進出や海外の安い労働力の導入に熱心で、労働時間、賃金などの労働環境は楽観を許さない。若者たちの受難は日本だけではなく、強弱の差はあれ、世界的傾向と言える。そこでは、宗教の衰退、信者の来ない教会の広がりが現実という。一人暮らしの孤独、人間不信、社会への失望や不安感に包まれ、安寧を求める心の一方で、宗教という魂の故郷は、荒廃の色を深めているのである。

2　孤立化する生と死

高齢者の孤独

こうした社会状況は、若者のみならず、人口構成の中で膨らみ続ける高齢者層の現実にも、さまざまな暗影をなげかけている。「多死時代」「一人死時代」などともいわれているが、高齢者には、老・病だけではなく、〝わが魂の故郷〟ともなるべき埋葬地や埋葬方法のありようにも、広く不安な思いが及んでいる。死してなお、故郷定まらぬ時代なのである。

若者たちが去った農村でも、さまざまな困難が見込まれている。子供たちを送り出した多くの高齢者は、先祖代々の農地を守り、つつましく暮らしている。人並みに職を得て都市で暮らす子供たちがあれば、盆暮れには孫たちをつれて帰ってくる。それを楽しみに待ちながら、夫婦二人で日々を過ごしているのである。しかし子供たちは、やがて社会での立場も高まり、孫たちも高校の受験だ、大学の受験だと、しだいに故郷からも足が遠のいていく。もし一人になってしまえば、孤独に耐え、世間との付き合いも途絶えがちになり、死の時を待つ。

一人になれば、息子たちも心配し、東京や大阪で、一緒に暮らすように言ってくれる。そのように言ってくれる場合はまだよい。本人は、自分は都会に合わないからと、一人暮らしの方を選ぶケースが多い。せっかく呼んでくれたからと、息子たちの家族に加わってみたものの、大変だ。田舎なら、下着のまま庭先の木の手入れをしても平気だ。近くの畑を見に行ったり、回覧板を届けにステテコのままで行ったりする。時には誘われて、そのまま縁側でお茶を飲みながら世間話をして帰る。農村ならば、ごく普通の光景だ。だが、都会ではそうはいかない。

私の周辺であったあるおじいさんのことだが、都会にいる息子の所に同居したのだが、自宅の庭ならともかく、うっかりステテコのまま前の道にでも立とうものなら、やんわりと嫁に注意される。お嫁さんも、近所隣に余計な評判を立てられたくないからだ。田舎と違って、都会では地価も高く、家も庭も狭い。孫たちも大きくなれば、個室を欲しがり、受験競争にとりかかる。おじいさんが一室取れば、部屋が足りない。おじいさんは、しだいに落ち着きを失い、村にいるよりも、ずっと大きな孤独の世界に入ったように感じたのである。一戸建てならまだしも、マンションならなおのこと、自閉空間に入ったようだ。おじいさんはその後、皆に丁重に礼を言って村に帰ってきたという。

疎遠化する団地社会

先般、某テレビ局の放送だったが、ある兵庫県のマンションで、互いにいちいち挨拶を交わすのは不要にしようと、取り決めをした所があるというのだ。理由は定かでないが、その方が自由で気楽だということであろうか。都会では、向こう三軒両隣でさえも、ろくに挨拶をしないことがある。幼い子供のいる間は、子供や学校のことで近所同士が立ち話をし、公園の掃除にも時々一緒になるので、一定の付き合いがある。しかし徐々に転勤などで人が入れ替わり、子供たちも巣立っていくと、前から親しい人は別として、知らぬ顔をして通り過ぎていく人が増える。自治会に入らない人もあり、公園の掃除も決まった人が出るだけになっていく。近年、家庭・職場・近隣関係の警察への相談ごとが多く持ち込まれるようになり、この一〇年間に一・四倍の二〇八万件になっているという。その背景に、我関せずと職場や地域の自己解決機能が低下してしまったのである（「日本経済新聞」二〇一八年五月二八日）。

また、一つの新しい一戸建ての住宅団地には、少しは資力のできた四〇歳前後の人たちが多く入っていった。つまり団地ごとに同世代の人が多いのである。そのため、三〇年もたつと、団地全体が一斉に高齢化し、体力の衰えや病気などで、閉じこもりがちで、疎遠になっていく。こうした事情は、高成長下で新たに開発された団地生活を経験した人は、すぐに分る話であろう。高層マンションの生活者は、なおのこと疎遠な場合が多いと考えられる。

こうした状況の中で、最近新聞をにぎわす「一人死」が増え続けている（『ひとり死時代のお葬式とお墓』）。場合によっては、長い間いつ亡くなったかもわからない孤独な死もある。状況は異なるが、過疎化した村でも、過密化した都市でも同じだ。高層マンションに数百の家庭があるのに、誰も気の付かない孤立した空間が広がっているのである。集まった家族に看取られながら、この世を去っていく時代は終わったともいえる。場所も、自宅でなく病院が多い。

こうして、「一人死」は増え続けている。私たちの死と、向かうべき魂の故郷はどこなのであろうか。

盛んな終活

今書店に行くと、私たちの死をめぐる多くの書物が並んでいる。そしてほとんどが、あとに残った人たちが惑わず処置してくれるように、葬儀の仕方、また納得のいく円満な相続がなされるよう、故人の意思を整理し、しっかりと書き残しておくよう説いている。私の近所の書店でも、案の定、「終活ノート」、「エンディング・ノート」といった、いわば詳細な遺書と言えるものが、なんと一二種類も並んでいた。

「多死時代」を反映して、葬儀社の活動も活発だ。私も、親や兄弟を送った葬儀社から、幾度も訪問を受け、また電話もかかってきた。今から計画的に、自分の葬儀費をわが社に積み立ててもらえば、親族にとっても安心だし、大いに葬儀費を割引し、棺を立派にし、花や飾りのサービス事項を増やす、というのである。私は、「なるほど、ありがたい。でも、なんとなく死の計画まで立てる気がしない」と、丁重にお断りしている。エンディング・ノートも同様だ。子供たちが喜ぶほどの蓄積もないし、醜い相続争いなどするような育て方をしていないつもりである。また無用な延命治療は、きっぱり断るように言ってもある。

ただ、現在では先祖の墓地がどこにあるのかもわからない人が増えているという。そこで横須賀市では、自治体が高齢者に呼び掛けてエンディング・ノートの作成を薦め、保管して、子や孫が墓地の所在や財産分配について知りうるよう担当部署を作ったという。「親族が冷たいのではなく、墓も核家族化しているのでは」とコメントしている（「日本経済新聞」、二〇一八年五月二八日）。

魂の行方

しかし、よく考えてみると、自分の死について全く無関心でもいられない。墓地だけは、義父に勧められて、かねてから京都市内の某寺に隣り合わせで用意してある。だが、いつどのように死ぬのであろうか、その時一人なのであろうか、どのような葬儀をしてもらったらよいのだろうか、墓地を用意したものの、誰がいつまでお参りに来るのであろうか。子供たちに、何か他に頼んでおくことはないだろうか。ついつい、そんなことを妻と話し、考えないわけではない。

福井県に奉職していた時、ある藩主の菩提寺を訪ねると、立派な位牌が数多く並び、その家格を思わせたが、住職は「今は親族がどこにいるかも分からず、お参りも絶えてない。どうしたらよいものか」と話していた。そのような由緒ある家系でも、こうなってしまうのかと思った。

まして今は、移動の激しい時代で、国内はもとより海外にも多くの人が転勤して行く時代である。墓地を、親族の絶えた田舎から都市へ移して祖先を祀る人、「墓じまい」をして新たな祀り方をする人もいるが、地元の寺院では無縁仏が増えて、墓石そのものを廃してしまうことも多いという。神戸市、諏訪市、さいたま市など全国各地の自治体が無縁墓をまとめ、「合葬墓」開設へと動いている例もある（「日本経済新聞」二〇一八年一二月二八日）。お墓の問題は「家から個人の選択」へと変わり、家制度の変質が起こっている（「朝日新聞」二〇一八年二月一八日ほか）。先ごろ、その廃石を積み上げた「お墓のお墓」なるテレビ報道があった時は、さすがに暗澹たる気持ちになった。寺を訪れ、父母の墓地の面倒を見るのは、子の代でも大変なのに、孫の代になればどうなるかわからない。墓地を持っても、いかがなものであろうか。そのような思いが広がっているのである。

多様な葬送の時代

若い頃は考えてもみなかったが、このような不安や思いは、いま私たちの時代、高齢者たちの間に共通のものとなっている。だが、人は死後の世界など無いと思いつつも、やはり何らかのわが魂の安らぎの場所、魂の故郷を求める。こうして、共同墓地への埋葬、共同納骨堂入り、樹木葬、好きな海や山野への散骨など、さまざまな葬送の形が生まれている。都市では、小さく簡易な納骨堂が増加を続けている。大阪のある納骨堂では、六階建てのビルに六千基もの遺骨が納められているという。最近は自動搬送式で、まるで貸金庫の取り出し口のように、ボタン一つで、小さなボックスに収まった位牌や遺骨が移動してきて、目の前に現れるのである。また晩婚化や離婚、非婚が増え、専用の女性墓なども生まれているという。

何はともあれ、安住できる魂の故郷を持てる人はまだ良い。火葬場は不足気味で、遺骨の引き取り人のない、あるいは引き取りを拒む例もあり、その場で僧侶が読経して済ます「直葬」や「無葬」も増えているという。また「死のビジネス化」が進み、遺灰が売買されている。そこには、入れ歯に使われた金銀やレア・メタルなどの、いわゆる〝都市鉱山〟があるというのだ。

いずれにしても、魂の故郷もまたままならず、その多様化、簡易化が進んでいる。そこには、都市と農村の背反状況、グローバル化、流動化し、厳しさの増す競争的市場社会の現実、そこでの宗教や寺院のありよう、家族観、死生観などの大きな変化が投影され、複雑な現代の姿が映し出されている。私たちの生も死も、ともすれば安らぎの居場所を失いつつある。

農村にも樹木葬の新たな風

私の郷里の集落でも、寺院運営に変化が見られる。

寺は、その集落六〇数戸の檀家を基盤とし、他集落にも少し檀家があった。高齢の祖父にあたる住職と、他に勤めを持つ孫の僧とで運営されていた。それ以前も、同じように祖父と教員をしていた長男で運営されていた。ところが長男が若くして亡くなり、若い孫がそれに代わったのである。しかし祖父が亡くなり、一人になると、勤めと住職との兼務が難しい。檀家は、収入減についてはできるだけのことをするからと、こぞって住職専任でやってくれるよう依頼し、受け入れられた。

また近傍の寺で、檀家の減少や事故で住職がなくなった寺などがあり、その兼務も勤めることで、互いの了解が成立した。かなり大きな集落を抱える寺や、他に仕事を持つ住職の寺などと互いに連携し、葬儀や法事の際には都合を付け合って、どちらか一人あるいは二人で法務を勤めるという形をとるようになっている。

最近、郷里の寺では、町の業者の申し入れで、寺領の一角に、樹木葬の場所を設置することとなった。この地域では、個々の家が墓地を持つのが普通だが、新たな要請に応えようとする動きが、各地の村にも広がっているのである。今始まったばかりだが、おそらく遠近を問わず、多くの申し込みがあろうと予想されている。そこには、二本の桜の木が植えられ、周囲には縦四〇㌢《セン チ》、横二〇㌢《セン チ》ほどの大理石が五センチ間隔で並べられている。その石の間には通称龍《りゅう》の髭《ひげ》が植えこまれ、青々として美しい仕切りとなっている。大理石には名前が刻み込まれ、下の箱にはわずかだが骨が収納されるのであろう。すべてを含めて五〇万円で永代供養が受けられる。

農村だから土地代は安いであろうが、墓石を用意するだけでも百万円前後はかかる。また墓地を設けても草取りはできず、子供たちは各地に散らばっており、果たして年に一度でも訪れてくれるかどうか。郷里の親族も少なく高齢化して、面倒を見てもらえるわけではない。この樹木葬なら、草取りの必要もなく、綺麗に維持され、誰も来なくとも寺が続く限り永代供養が受けられる。もし子供たちが来てくれれば、これが父母や祖父母のものだとわかり、たくさんの人とともに並べられていることに、安ど感も覚えるだろう。いわば〝地縁墓地〟ともいえる魂の故郷があり、死後の絆が結ばれるのである。

また近隣の町部には、さまざまな墓石に、〝空〟、〝希望〟、〝絆〟など、思い思いの文字を刻み込むことを趣旨とする墓地を計画中という。大海に散骨して、その生の痕跡を残さない人もいるが、多くは全くの空と化し、無に帰する寂しさを思い、来世に名前を刻み、思い入れの文字を刻み、生の証しを残すのであろう。魂の居場所も、生ける人間の居場所の変化を映し、さまざまな様相を示しつつ、新たな時を迎えている。

第6章

移動社会と多様・多極化する居場所

現代は、経済社会のグローバル化の中で、物と資本、人の動きが激しく、〝移動社会〟というにふさわしい状況にある。農村から都市への移動、所得や家族数の変化に合わせた家屋やマンションへといった住まいの移動、転勤による都市から都市への移動、さらには遠く海外への転出もある。若者たちの留学や、外国人労働者の導入、また激増する観光客の出入り等々。人々は行く先々で、心地よい居場所を求め、創ろうとする。だが移動社会には、希望とともに多くの影も付きまとっている。

1　加速する移動社会

移動と故郷──私の引っ越し体験

一九五九年の春、私は生まれて初めて故郷を去り、京都府宇治市内に居住し大学に通った。以来、一五回にわたって、国内外に引っ越しをし、居住の場所を変えた。大学に入るまで、生まれ故郷で暮らし、東京で二年間、京都では延べ四八年間、福井では七年間、海外ではドイツ・ハノーファーで一年間暮らした。アフリカには四回訪れ、延べ三か月ほどの滞在を経験した。一〇日前後の日程で、調査や旅行に行った国も多い。

生まれ故郷は、何ものにも代えがたい幼少年期の思い出が詰まっている。しかし京都での居住は、期間だけでもその二・五倍に達し、さまざまな体験をした。今や京都は、島根とともに、多くの記憶が蓄積している。福井も七年滞在し、そこで島根の田舎に帰ったような感覚に浸《ひた》り、これまた忘れがたい場所の一つなのである。

　私だけではない。現代では、都市に勤務する人なら、多少の差はあれ複数の場所に住まう経験は普通のことである。つまり現代は、激しく流動する移動社会なのである。グローバル化の進む中で、その広がりは地球規模となっている。やがて、はるか宇宙に旅行し、短期間でも居住する時代が来るかもしれない。このような時代に、私たちにとって故郷とはいったい何か、何をもって故郷といい、居場所をいうのか。そうした思いが去来するのである。

　移動社会の到来とともに、まさに複数の故郷、いわば〝多郷の時代〟が来たといってもよい。人はそれに合わせ、そこここで居場所を創造していくほかない時代なのだ。

　高度成長とともに、大都市集中、東京一極集中が進んだことは周知のとおりだが、ボルノーに言わせれば「箱」のようなマンション生活が一般的となる。大都市には四〇階、五〇階といった高層ビルが立ち並び、一棟に二〇〇〜三〇〇の世帯が居住している。私は東京に出るたびに、アフリカの森に点在する二メートル前後の巨大な蟻塚を思い出す。

　人は自然の多い郊外へとせり出すが、職場は遠くなり、やがてそこもビル群の地と変わり、再び外へと移動する。その繰り返しが、半世紀以上続いている。電車での通勤時間は、東京で平均一時間半、大阪で一時間といわれている。私は東京で二年居住したが、鷺ノ宮から霞が関まで、身動きもできないすし詰めの電車に耐えながら、二度の乗り換えののちたどり着いた記憶がある。当時、通勤時の電車には、ドアごとに客を押し込む係が配置され、詰め込まれた。押し込み係は、柔道部などの学生たちのアルバイトともいわれていた。

大都市に出た人々は、高額で狭い高層ビルに住まい、一時間を超え、込み合う通勤電車に耐え、長時間労働にいそしんだ。こうした状況の中で、思い出されるのは故郷の家族や穏やかな光景ではなかったか。京都に住んでいたある人は、「東京から帰ると静けさを感じる。大阪から帰ると空気の良さを思う」と言っていた。同じ大都市の京都でさえこうであるから、農村ならなおのことである。しかし東京や大阪には、農村では見られない夢の数々が詰まっており、自分も頑張りしだいでは課長や部長に這い上がれるのではないか、父母に送金をして喜ばせたい、やがて故郷に錦を飾れるのではないかなどと考え、皆頑張ってきたのである。

高成長期には毎年給与が上がり、農村より一足先に年々加わる物的な豊かさが感じられ、いざとなればストライキを起こしてでも守ってくれる強い労働組合があった。しかし、やがてバブルがはじけ、リーマン・ショックなどに襲われ、「失われた一〇年、いや二〇年」などと言われる時代がやってくると、給与上昇は停滞し、就職難や解雇に見舞われ、多くの人々が非正規雇用となり、果ては夫婦共稼ぎの低給どうしで支え合ってきたはずの家庭も、夢破れて離婚に至り、貧困の中に落ち込む場合も多くなった。人々は、改めて物の豊かさよりも、癒しやゆとりのある心豊かな生活を求め始めたのである。

だが、いまさら村には帰りがたく、村も農業もまた困難の中にあり、困っている弟妹達を受け入れる良き故郷であることはできない。そして、村はすでに駆け込み寺のような、かつての麗しい故郷であることをやめてしまったのである。そうなれば、生まれ故郷は思い出の場所に過ぎず、大都市の片隅に自分の居場所を確保し、そこを故郷として生きていくほかはないのである。

移動社会は、ともすれば故郷の喪失、居場所の喪失と結びつきやすい状況を生み出すのである。

転勤による移動

都市に定着し、正社員として働くことができたとして、雇われる身はそれぞれの企業のしきたりに従わなければならない。毎年四月ともなれば転勤の通達が下り、多くの人々が引っ越しをし、荷物を満載した大小のトラックが走り回るのである。

転勤の実態については資料が乏しいが、労働政策研究・研修機構の企業調査によれば、次頁の図6―1のように「総合職正社員のほとんどが転勤の可能性がある」企業は三三・七％、「転勤する者の範囲は限られている」のは二七・五％、「転勤はほとんどない」のは二七・一％となっている。日本では一般に、とりわけ総合職正社員の場合、転勤はつきものである。企業規模が大き

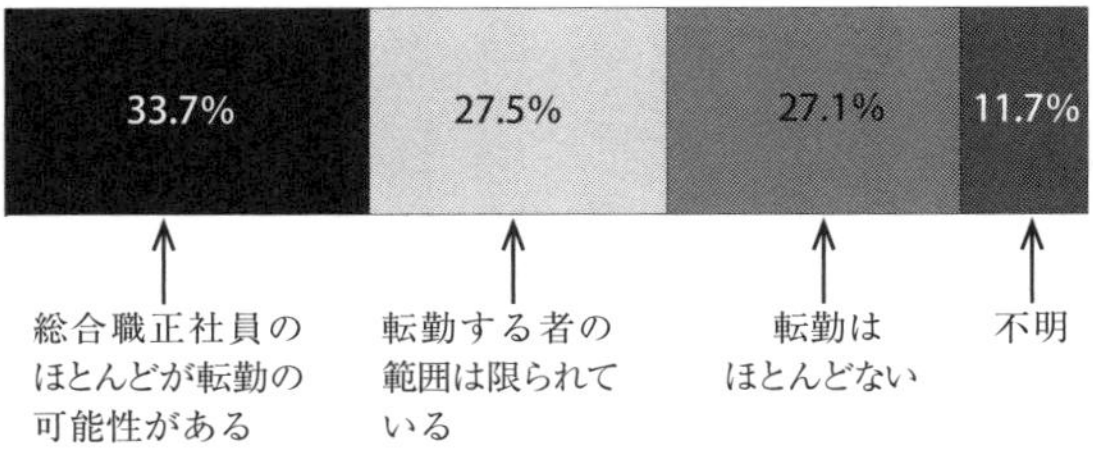

図6—1　総合職正社員の転勤の有無に関する企業の割合

出典）労働政策研究・研修機構「企業における転勤の実態に関する調査」(300人以上の企業、1万社、回収率 18.5%) 2017年、より作成

ければ大きいほど、工場や支店、支部が多く、全国に展開しているので、転勤の必要性が高い。

転勤の必要性について、企業は「社員の人材育成」が六六%と最も多く、社員の処遇や適材適所、組織運営上の人事ローテーション、組織の活性化や社員への刺激、事業拡大などとなっている。欧米では転勤は少ないといわれるが、日本ではまだ終身雇用ないし長期雇用も多いため、企業内、グループ内での労働配置調整を行う必要があるからだ。転勤はしばしば突然に、幹部から通達され、よほどの理由がないと断れない。時には仕事ぶりから、僻地や島嶼部に転勤となり、事実上左遷されたと考えて落胆するケースもある。

転勤は昇給・昇格の機会でもあるが、多くの問題が付きまとう。とくに夫婦共働きの場合、一緒にというわけにはいかない。子供の進学や教育環境も絡んでくる。また介護の必要な親がいる場合は深刻だ。病気や出産・育児、結婚なども問題となってくる。そこで、時には結婚をあきらめ、しばしば単身赴任となり、食事や健康、家庭上の問題などが起こるきっかけともなり、なかなかに悩ましい（「企業の転勤の実態に関する実態調査」）。

しかし、あまり乗り気でなかった転勤をきっかけに、新たな地域、新たな人や仕事との出会いもあり、意義ある人生の転機として、忘れがたい時期と場所であったと思うこともある。そしてそこは、新たな第二、第三の故郷、思い出の居場所として記憶に残るであろう。人が日々を生きている以上、良いことばかりではない。しかし人はどこに行っても、自らの居場所を求め、そこを心地よいものにするよう苦心する。大小の苦い思い出や悔いもつきものである。

まさに現代は移動社会であり、行く先々に自分の居場所を見つけ、居場所を創る時代へと進んでいる。

2　世界から日本へ、日本から世界へ

グローバル化の加速

移動といえば国内だけではない。今は海外への転勤や就職も一般化している。

現在国外にいる日本人は、政府の海外在留邦人数統計によると、二〇一七年現在の推計で約一三五万人、うち永住者は四八万人に、同じくいずれ帰国予定の長期滞在者は約八七万人となっている。これらは、在外公館、企業の派遣社員、留学生（現在三〇万人弱）などである。国別では、

アメリカ約四二万人、中国一二万人、次いでオーストラリア九万人、カナダとタイが各七万人、イギリス六万人、ブラジル、ドイツ、フランス、韓国、シンガポールにそれぞれ三～五万人が住んでいる。今後はアジア地域が増えると予想される。これらから、各国や地域との、日本人の結びつきの状況が推察される。海外在留日本人総数は、毎年確実に増加している。

海外永住者も四七万人と予想外に多いが、その人たちはいま第二の母国、第二の故郷に住まっているといってよい。長期在留者のうち、民間企業関係者が約二四万人で全体の五一％を占め、経済活動のグローバル化を示す数字となっている。その場合、赴任者の家族として行く人の数は約七万人である。男女別では、男性五三％、女性四七％と、性差はほとんどない。

私は、一九七七～八年に一年間ドイツ（当時西ドイツ）ハノーファーに滞在したが、その頃すでに、ハノーファーだけで約七〇人、ミュンヘンには数千人の日本人が滞在しており、その予想外の多さ、車やオートバイ、電気製品などメイド・イン・ジャパンの進出に驚いたものである。私が滞在したのは、空間研究・地域計画アカデミーであったが、所長や所員とはもちろんのこと、日本人や日本ファンのドイツ人、囲碁クラブのドイツ人たちとの交流は、かけがえのない思い出であり、今もそれは続いている。ドイツ国内やヨーロッパ各国を訪れ、夏休みには家族を呼んでヨーロッパ一周旅行もした。そしてハノーファーの町に戻ると、まるで故郷に帰ったような、ホッとする思いをしたものである。私にとって、そこは人生や研究の方向を決した場所でもあり、第二の母国、第二の生まれ故郷、そして私の居場所となっていたのだ。

海外長期在留者のほとんどは、おそらく苦労も多かったと思われるが、同時にめったに得られない異郷での諸体験を、胸にして帰国したに違いない。そこは誰にとっても、忘れがたい居場所、新たな故郷になったと思われる。そしてその後の人生に、豊かな陰影を刻んでいるに違いないのである。

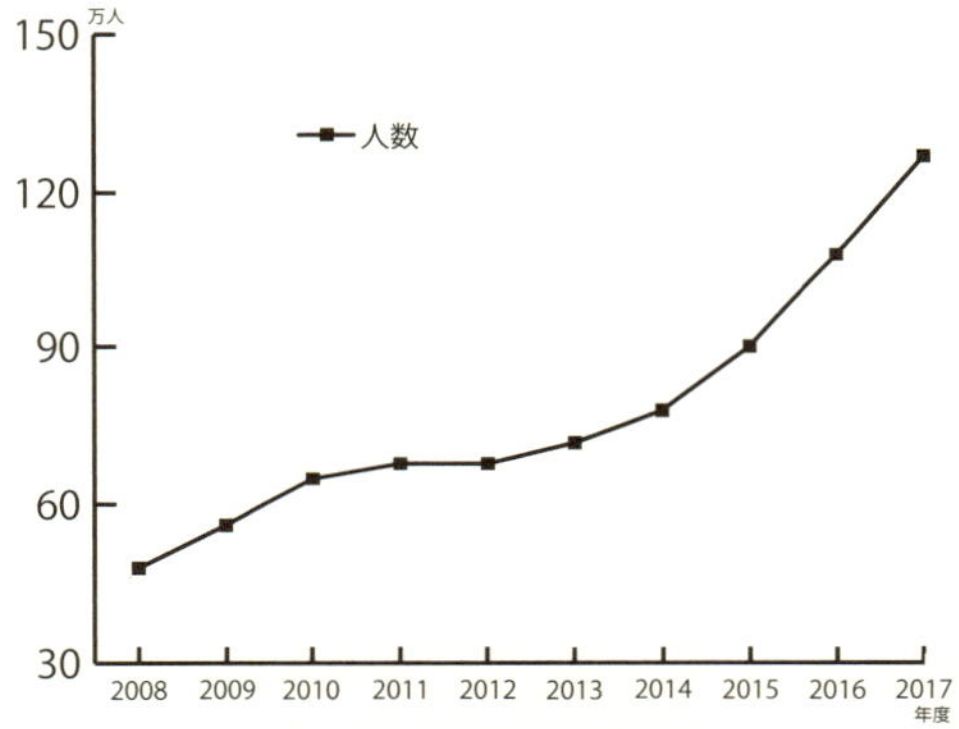

図6—2　外国人労働者数の推移

注 1) 厚生労働省の資料より作成
注 2) 外国人雇用の届け出制が施行されて以後の数字。それ以前は数字に不正確性がある

他方、政府統計によれば、二〇一七年末現在の日本在留外国人数は約二五六万人、国別では中国約七三万人、同じく韓国四五万人、フィリピンとベトナムが各三六万人などとなっている。欧米系も今後増えるであろう。これらの人たちも、海外にいる日本人同様、新たな母国、新たな故郷、新たな居場所として日本を考える人も増えるであろう。

また、日本の外国人労働者は、他の先進諸国に比して少なかったが、図6—2のように、急速に増加している。最近の人手不足などで、外国人労働力受け入れ拡大政策がすすめられている。「選ばれる国」

といった旗印の下に、入国しやすく、滞在年数も長く、働きやすくする政策が推進され、いよいよ「多民族社会」へと踏み出しつつある。導入に伴う多くの課題を抱えながらも、二〇一九年四月に計画が実行に移され、今後五年間に最大三四万人受け入れる方向で進んでいる。

こうして、国によって濃淡の差はあれ、世界は今多くの人が国境を越えて、事実上あたかも複数の母国、複数の郷里を持つ多国籍社会、多民族社会、多郷社会へと進みつつある。

行き交う内外観光客

さらに、図6―3のように、このところ日本への観光旅行が盛んになり、一週間か一〇日の短期間とはいえ、観光客が訪れる。その数は急速に増え、二〇〇〇年には四七六万人、二〇一六年には約二四〇〇万人、二〇一七年に二八七〇万人、二〇一八年には三〇〇一万人と加速している。さらに二〇二〇年に四千万人、二〇四〇年の六千万人とする計画になっている。〝爆買い〟を伴う中国からが圧倒的に多いが、台湾、韓国、その他アジア地域をはじめ、世界中の人々が訪れている。スペインのように、国民の数より多い観光客が訪れる国もある。近い将来、日本でも一億を超える可能性がある。

ヨーロッパの人たちが使う世界地図は、日本のように、太平洋を挟んで広がる地図と異なり、大西洋を中央にするので、日本は東端の小さな島として描かれる。図法によっては右上の片隅に

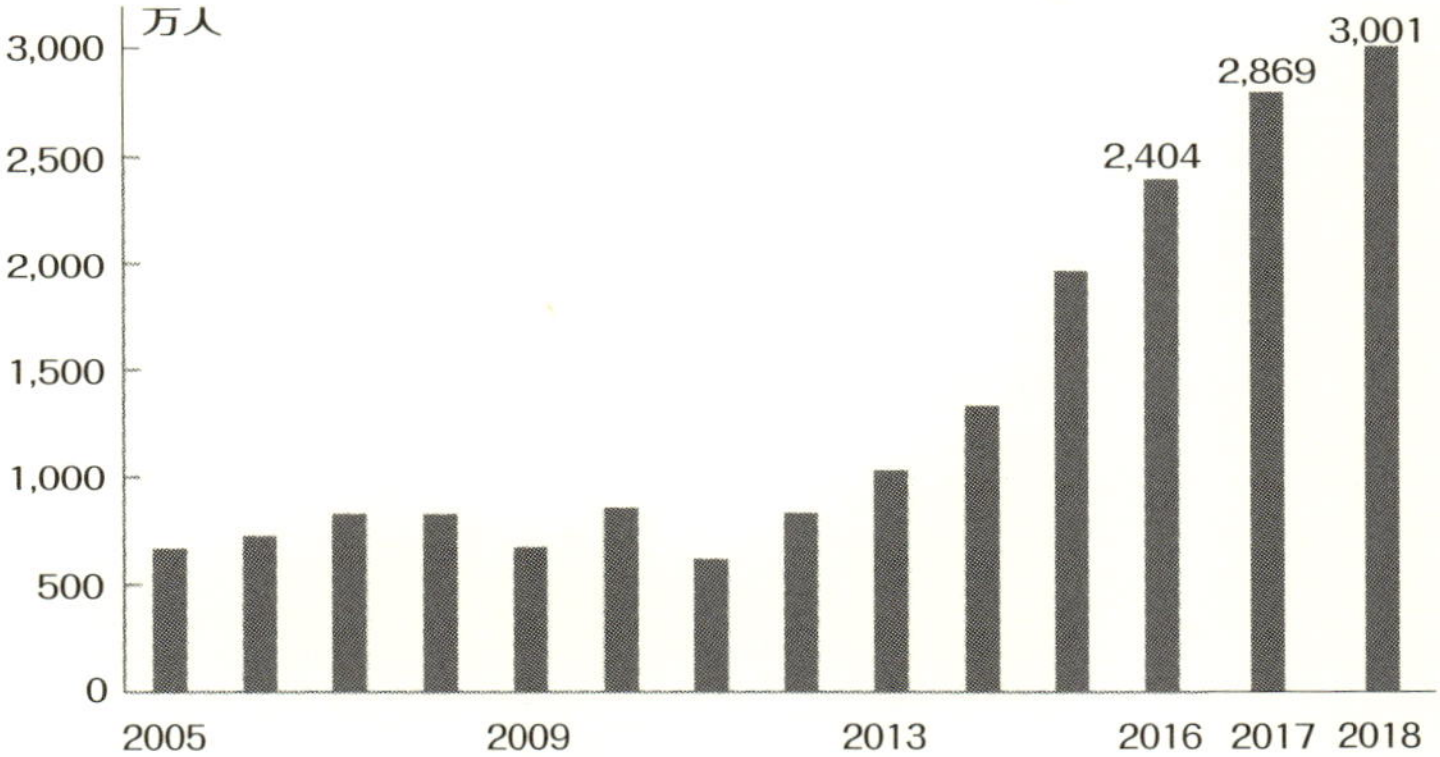

図6—3　訪日外国人旅行者数
出典）農林水産省『2017年度・食料・農業・農村白書』2018年　224頁
注）資料は日本政府観光局（JNTO）調査

小さく位置し、かつてのヨーロッパ人は、中国の一部とさえ考えたほどである。しかし今や、東洋最初の近代化を進めた国と認識され、独自の文化や四季を彩る多様な景観に憧れてやってくる人が多い。韓国、中国、台湾に続いて、東南アジア諸国やインドの経済発展とともに、観光客増加の勢いはなお続くであろう。しかも「物から事へ」、「都市も農村も」といった流れがあり、今や全国各地の自治体で、観光客誘致とその対策の検討や接客方法についての講習会が開かれる状況となっている。

日本から海外へと旅行に出かける人々も、一九八〇年に三九〇万人、二〇〇〇年に一七八一万人に増えた。しかし以後は、景気状況を反映してか、横ばい状態となっている。いずれにしても、今後日本を含む世界の観光旅行は急拡大することが予想され、移動社会の一面として注目される。

3　移動社会の光と影

これまで述べたように、都市や工業の発展とともに、人々は農村から都市へ、そして都市から都市へ、やがて海外へと激しく流動する社会となった。移動した先の地域では、さまざまな困難に遭遇しながらも、人々は出会い、ともに仕事をし、絆を深め、思い出多い新たな故郷ともいうべき、それぞれの居場所を創ってきた。人はしばしば一代にして、村を出て都市に暮らし、国内の各地で仕事をし、さらには海外の事業所などに出かけて行く。わずか五〇〜六〇年の間の、各人の、そして社会全体の出来事であった。

どこに行っても、競争はあり、争いもあり、妬みあいもするが、人はそこに住まう限り、できる限り心地よく、楽しみ、癒され、助け合い、意義深く生きようとする。去る時が来れば、互いに別れを惜しんで、生涯の思い出の一ページとして心に刻み込んでいく。それは新たな故郷の刻印というほかはない。今人はグローバル化の中にあって、移動社会が織りなす多郷の時代を生きているのである。

だが、多様な居場所に住み換え生きることは、縁と絆の広がりを予想させるが、他方でしばしば縁や絆の拡散、「薄縁化」をも意味する。また移動といっても、全くの青天の霹靂《へきれき》によって、野ざらしにされ、住み慣れた居場所や故郷を去るほかはない時がある。温暖化で激しさを増した地震、津波、豪雨、土砂流出、竜巻、噴火などによる災害が多発して、しばしば人々の生命や家、居場所を奪っている。

特に近年続いて起きた阪神淡路大震災、東北太平洋沿岸部を襲った地震と大津波、熊本県、広島、北海道での地震や豪雨等々、枚挙にいとまがない。それは日本だけではなく世界的規模で起こっている。私自身、神戸の街、釜石市や大槌町の一角に立って四方を眺めた時は、それがこの世の光景とは思われなかった。これらはまさに、荒野に投げ出され、哀しい大移動を迫られ、故郷を喪失した最大級の災難事であった。これらは温暖化も強く影響していると思われるが、その解決への見通しはない。今人々は、悲しみを胸にしまい込んで、新たな居場所、新たな故郷の創造に、懸命の努力を続けている。

また世界には難民と呼ばれる多くの人がいる。現在、流浪を余儀なくされ、新たな居場所を求める人々は、二〇一六年末現在でおよそ六，五〇〇万人（国連調査）を超え、戦後最大といわれる。そのうち半数は子供たちで、食料の支援、教育の支援等が待たれている。難民の数は増大する一方で、その受け入れをめぐって、世界は大きく揺らいでいる。国家間の経済的差異、民族間の宗教的差異、各国内の階層間の経済的落差等々が、貧困や差別などの政治問題と化し、紛争となり、難民を生み出すのである。グローバル化が進む中で、互いの経済的水準や政治状況が可視化され、そこに見えてきた大きな落差が、激しい嫉妬や反感、嫌悪感を醸成し、一般市民を巻き込む見境いのない破壊的暴力行為を生み出している。故郷からはじき出され、故郷を飛び出し、故郷を捨てた人々が、新たな国家や故郷を打ち立てるべく、何とか安穏に暮らしている人々の故郷を奪い、時には神の名において無差別テロを繰り返しているのである。

その内実は、安穏な生の場、癒しの場としての新たな故郷の創出を求めながら、互いの居場所を破壊し奪い合うという、狂気のスパイラルを生み出している。そこでは、去るも行くも悲しみの場所となり、居場所の喪失、故郷の崩壊へと向かっている。

移動社会の光と影は、なお増大していくことになろう。日本だけではなく、世界の「心の豊かさ」に希望を求める動きは、なお希望のまま残され、出口の見えない不安として広がっている。

第7章

情報縁社会の居場所

―高度情報化時代と人間生活

このところ、毎日のように新聞、雑誌をにぎわしているのは、ＡＩやＩｏＴといった情報機器の進化と、そこで予想される社会の激変への関心である。そこには急速な技術進歩への驚きや失業などへの危惧、期待や不安が渦巻いている。高度情報社会、ＡＩ社会とはどのような場所なのか。私たちの生活のありようと居場所はどう変わるのであろうか。

1　情報社会の深化と危惧

ＡＩやＩｏＴへの期待と不安

私は囲碁を楽しむ。七〇歳で退職した後は、「生活三分法」を称し、「畑づくり、囲碁、研究」で、日々を過ごしている。とりわけ熱心なのが囲碁である。その囲碁界に大きな出来事が続いた。つい数年前まで、三段くらいの実力を持つ囲碁対局ＡＩソフトが売り出されていた。将棋の方は、プロの名人に勝つほどになっていたが、囲碁は盤面の広さと、その複雑さから、人間に届く日はないと思われていた。

それがどうであろう。二〇一六～七年にかけて、日本の最高棋士がＡＩに敗れ、続いて韓国、中国の最高棋士が、ついにソフトの餌食になった。餌食というのは品のない言い方だが、それくらいあっけない、驚きと悲哀と嘆息を伴った出来事であった。そのＡＩ棋士を最初に出したのは、本場アジアの企業ではない。イギリスの企業が、囲碁のルールをインプットしただけで、棋士が打った名局とされるデータを入れることもなかった。しかし、囲碁を打たせるごとに、自らその能力を高めていったというのだから、驚きであった。いわばＡＩ自身が、学習し進化（ディープ・ラーニング）することで達成したのである。その後しばらくして、日本は過去の名局を無数に入れるやり方で、ようやくほぼ同等レベルのソフト作成に成功した。最近の報道では、ＡＩは小説も書き、俳句も読むという。

こうしたことから、急速にＡＩやＩｏＴへの一般の関心が高まってきた。それらは、人間社会に大きな福音をもたらすと考える人もいるし、逆に人間の能力は次々とＡＩに凌駕され、仕事を奪われ、人間の存続にとってとてつもない悲惨な未来社会を予想する人もいる。

生産・流通への影響

生産活動に関しては、極限のオートメーション化をもたらすであろうと思われる。産業革命以後の工業発展は人間の労働と代替し、自動化する歴史であったといってよい。しかし、今や次元の違う事態が進みつつある。あらゆる工業生産物を、ＡＩやＩｏＴを内蔵する各種のロボットが、それぞれの細かい作業工程に正確に作動し、物を作っていく。機械は二四時間フル操業でも、疲れることもない。人はせいぜい事務室に座して、工程は正常かトラブルが発生していないかといった作業状況の情報を、ただチェックしておればよい。昨今の人手不足が、いっそう生産自動化への関心と投資を加速している。

　生産の次には、梱包、仕分け、保管、発送の作業、輸送、配達といった流通行程が待っているが、そこもまた自動化の勢いを強めている。

　輸送手段の主力を占める自動車も、自動運転の日が近いといわれる。行く先を指定しておきさえすれば、運転者なしで高速道路や一般道を抜け、目的地まで人や荷物を運んでくれるのである。人間のように眠気も催さなければ、無用なよそ見もしない。自動運転は、すでに試験運転が行われており、アメリカ・グーグルは、キャッスルと呼ばれる架空の町で試験を繰り返し、近く公道実験を予定している。日本のパナソニックは、京阪奈学研都市の公道で試験運転を開始した。また日本の場合、二〇二〇年の東京オリンピックの際、選手の送迎に自動運転車を使う計画を立てており、自動運転は目前のように思われる。またアメリカ・アリゾナ州の企業ヌロが、自動運転車を使った食料品配達の試行を始めた。日本政府は、自動運転車の公道走行を前提に、その安全対策を盛り込んだ道路交通法や道路運送法を改正しようとする段階にきている。

　日本ではドローンを使った荷物配送が、当面離島・山村の一五〇メートルの視界に入る場所限定だが、開始されている。さらには、コンビニ店などの販売についても、中国ではすでに行われている無人システムが導入される日が近い。

農業の場合にも、ＡＩやＩｏＴを使い人力を削減する「スマート農業」が構想されている。温度、養分等の自動管理によって、ハウス内で野菜を生産する、いわゆる植物工場は、今のところコストが高く、企業が率先して試みている段階だ。農家段階でも、耕耘や田植えなどの作業を自動運転で行うこと、重いものを持つ際に、腰などに付けた器具が体に合わせて動き、作業力を高めること、肥料投入を衛星から送られてくる生育状態や肥料状況を、㎡単位でセンサーが受け止めて自動管理すること、ドローンを使って均等に除草剤を散布すること、青果物を大きさ・色合い・糖分量などにしたがって、詳細に自動で選別・梱包すること、家畜の健康状態をセンサーで知り、飼料配分を変え、健康管理を行うこと等々、人力を軽減し危険性を大幅に除去する方向が模索されている。

漁業では、資源維持の観点から水上ドローンなどで機器管理養殖漁業を行い、また実需の数倍とされる種々の廃棄魚を活用し養殖すること、林業では、ドローンで生育状況を詳細に把握し、育成管理することなどが企図されている。

こうして、各領域で、まさに画期的な人力の削減・無駄の削減、自動機械化の時代が訪れる可能性がある。

生活に入り込むＡＩ、ＩｏＴ

私たちの日常生活の中でも、情報化は加速度的に進んでいく。すでに販売されつつあるＡＩスピーカーは、卓上に置かれた小さな機器に話しかけることで、さまざまなことに対応してくれる。やがて「テレビをつけて」、「電気をつけて」、「ご飯を炊いて」、「お風呂を沸かして」など、人は椅子に座ったままで大抵のことはできる。さらには、「生ゴミ収集日はいつ？」にも応えるし、「Ａさんに電話をつないで」といえば、Ａさんが出てきて座ったまま会話ができるといった状態になるであろう。また一人住まいの、寂しい高齢者の話しかけに応じて対話し、その孤独を慰めてもくれる。その一例であるロボット犬の愛称アイボも、進化して再登場してきている。

アメリカ・グーグル社が、映像付きのＡＩスピーカーを企画していること、また別の社では、本人が病気や不登校などで授業に出席できない場合、病院のベッドや在宅のまま、ロボットが教室に代理出席し、リアルタイムで授業を受けることができ、手をあげて教師とのやりとりも可能なシステムを作るという（「日本経済新聞」二〇一八年五月一〇日）。教育の在り方も根本的に変わる可能性がある。それは義務教育だけではなく、大学教育や高齢者の学びにも大きな影響を与えるであろう（「朝日新聞」二〇一八年八月六日）。

また帰宅途中の路上から、スマホを通じて、上記のような家事の依頼ができる。もし落とし物をすれば、どこに何を落としたかを教えてくれる。さまざまな物をネットに繋いで動かす、いわゆるIoTである。宅配なども家主の在不在を確認した上、AIを搭載したドローンが、玄関口やベランダまで荷物を届けてくれる。京都市では、内外からの観光客が急増しているが、AIを利用したロボットガイドに、それぞれのスポットで説明させる企画がある。次のスポットに近づくと、宇宙からの信号を受け、自動的に説明を始めるのである。

それに並行して、障害者向けの機器の開発も進められている。例えば、身体や会話などの不自由な人が、心の中で、「電気をつけて欲しい」と念ずれば、電気がつく。脳とコンピューターをつなぎ、脳波を機器が読み取って動かす仕組みである。また事故で脳が損傷しても、人口脳で一部を置き換えうる可能性があり、アメリカのカリフォルニア大学・アリソン教授らの研究は「人類は脳を作り出す未来をたぐり寄せた」との報道もある（「日本経済新聞」二〇一九年一月一日）。

このようにして、人類は本来の脳と人工脳を結び、脳の機能を強化する新たな次元に入っていく。機器は嫌がることも、疲れることも知らない。人は日常生活でも、手間をかけずに、何でも聞いてくれる万能のお手伝いさんを雇っているような暮らしをするようになる。

AIはまた、あらゆる言語を即座に翻訳し、英語や中国語ができなくても、難なく意思を通じ合うことができる。中国の企業「百度《バイドゥ》」は、すでに中国人旅行者に翻訳機を販売している。各国語の自動翻訳機ができれば、世界の文化的相互理解は一気に深まるであろう。医療の場においても、あらゆるデータを蓄積して、患者の症状から、その健康状態やガンの発見など、病名や処方まで提案してくる。また映像を通して、在宅のまま医師の診断を受けることができる。弁護士は膨大な判例を蓄積したＡＩに聞けば、考えることもなく対策が取れるなど、可能性をあげればきりがないほどである。

しかも経験の蓄積によって、ＡＩ自ら診断や判断の精度を高めていくのである。先にも述べたいわゆる深層学習 deep learning である。また、画像の精度やその分析能力が上がり、路上を行く人の顔はもちろん、歩き方の癖などから人の特定ができ、防犯カメラの果たす役割も大幅に高まるという。犯罪も減っていくかもしれない。しかし一方で、普通の人が、どこに行っても誰かに観察されているような不安も伴うかもしれない。

こうして、人間生活のあらゆる側面において、大きな構造的変化が起ころうとしている。

2　ＡＩ社会をめぐる議論の現状

人の過半は失業する?

ＡＩやＩｏＴは、多くの人間労働に代わって対応し、意見を言い、媒介してくれる、まことに便利極まる状態を作り出す。確かに、生産性は顕著に上がり、人間生活は豊かになるように見える。だがそこに、底知れない危険が潜んでいないか、機械は人を超え凌駕していくのか。人間の真の幸福とは何か、ソファーに座ったまま、何でもできるという「便利すぎる」社会の中で、本当に人は心身ともに健康に生きられるのか。このような、さまざまな議論も今沸き起こっている。最も大きな不安を呼んでいるのが、人間労働の排除と失業問題である。

アメリカのフレス＆オズボーンは二〇一三年に、ＡＩの普及によって「アメリカ国内にある職業の四七％は一〇～二〇年のうちに機械にとって代わる。その可能性は七〇％の確率で起こる」との推計を発表している（「日本経済新聞」二〇一七年一一月六日）。またアメリカ・マッキンゼー・アンド・カンパニーは、八二〇種の職業を分析し、「全業務の三四％がロボットに置き換えうる、ホワイトカラーの象徴ともいうべき金融機関等事務職の六五％は自動化できる、ロボット導入余地を国別にみれば、アメリカ四六％、イギリス四七％だが、日本は資料作成等単純業務の割合が高く、また弁護士や官公庁事務の自動化が五五％と遅れており、改善余地が高い」などの結論を導き出しているという。

さらにドイツのアーンツら三人は、すべての職業のうち自動化可能なのは五〇％ほどであるとしている。逆に、同じドイツのボストン・コンサルティング・グループの試算では、多くの新規雇用が発生するとの見解もある（「日本経済新聞」二〇一七年四月七日＆二〇一七年一一月七日）。井上智洋は、『人工知能と経済の未来』の中で「二〇四〇年には、人口の一割しか働いていない社会になっているかもしれない」などと極論している。各種の予測を見る限り、ほとんどの推計がＡＩ活用による大幅の雇用減を予想している。

他方、ＡＩ社会を支えるＩＴ関連部門では、すでに技術者不足で、間違いなく雇用が増加する。中国はなりふり構わず世界的規模で技術者の引き抜きを行っているとされるが、日本でもＩＴ関連の高度な能力を持つ技術者を、早急に内外を問わず導入・育成し確保しようとする政策的な措置が取られるようになった。しかし、それ以外の多くの事務職をはじめ、製造、物流、品質管理など広く自動化し雇用減少が進む。こうして、さまざまな予測数値があるが、いずれにしても雇用の大幅減が予想される。

かつて、産業革命の当初、人に代わるさまざまな機械が発明され、そのたびに人は失業し、生きるすべを奪われた。人々は徒党を組んで工場を襲い、機械を打ち壊した。一八一〇年代に起こった、いわゆるラダイト（Luddite）運動である。イギリス政府は機械を壊した者を死刑とする法を制定したほどだが、この動きは幾度も、各地で再燃した。果たして、人間にとって機械とは何なのか。今後人類は極限の情報化時代を、どう評価し、対応していくのであろうか。

AIは人間を超え不安にする？

こうした、雇用減少による失業問題が予想されるほか、小林雅一の『ＡＩが人間を殺す日』、高橋透の『文系人間のためのＡＩ論』などをはじめ、多くの問題点が指摘されている。

例えば、車の自動運転は事故ゼロとはいかないであろう。もし何らかの理由で事故に至った場合、誰が責任を取るのか。事実、二〇一八年三月一九日、アメリカのウーバー・テクノロジーズ社の公道での試運転中事故が起こり、女性が死亡したと報じられた（「朝日新聞」二〇一八年三月二一日）。おそらく最初の犠牲者である。あるいは、ＩｏＴの遠隔操作で作動した炊飯器や風呂が、何らかの誤作動やサイバー攻撃などで火災に至った場合、利用者個人の責任となるのか。これらに対し、どのような保険制度が適切なのか。利用上の安全基準や事故等に関する慎重な法的整備が不可欠とされている。

また医療現場において、ＡＩは人間よりもはるかに多くの症例を蓄積・記憶しているとはいえ、その判断を医師はそのまま採用してよいのか。もし間違った処方をしたら、誰の責任となるのか。最近、ＡＩ利用上のルールについて、ＯＥＣＤや日本政府が検討を始めた。

さらには、現在開発中の「第二の核兵器」とも言われるＡＩを搭載した無人戦闘機がある。それは攻撃対象を見定め、正確に攻撃する。ＡＩは機器なので、自他の死に怖れを知らず、無情で容赦がない。まったく悲惨な異次元の戦闘が繰り広げられる可能性がある。そこで、「人間のコントロールから離れた兵器の実用化は許されない」という、いわば無人戦闘機利用のルール化が主張されている。

あるいは、ＡＩに個人の勤務データを詳細に入れ、人事管理や給与査定、新規採用に生かすといったことが、すでに現実となっている。日立ソリューションズは、「業務の様子や残業時間などから、休職する可能性の高い社員をＡＩで割り出し、人事管理に生かすシステム」を発売するという。もし、ＡＩが一度「劣等」と判断した場合には、そのデータが後々も影響を及ぼし、万一情報が露呈した場合には、人を再起不能に陥れ、人権侵害の可能性も生じる。

情報機器の発達で、生産工程が省力化され、生産性が上がり、供給される商品も多様化していく。それはＡ・スミスも目指したように、国民の富が増加したことを意味する。しかし実際には、ＡＩ導入によって、人は生産現場からはじき出されるだけでなく、残った者の給与も下がる可能性が高い。国際ロボット連盟（ＩＦＲ）も、「世界で使用される産業用ロボットの台数が、二〇一五年末の一六三万台から。二〇一九年末には二六〇万台」という急スピードで進むとし、そうした中で、アメリカ・マサチューセッツ工科大学の研究者は、「それが失業率を高め、給与も下降する」と予想している（『日本経済新聞』二〇一七年四月二三日）。

さらに深刻なのは、膨大なデータの蓄積やその分析・判断の速度や能力が、人間をはるかに超えるとされるが、果たして人間に残された仕事の領域は何か。楽観論者が言うように、人間とＡＩとの共存・共栄は可能なのか。人間固有の存在理由は何か、人間の居場所はあるのか、といった不安や疑問である。

失業は生じないという論調もなくはない。アマゾンの指導者・ジェフ・ヴィルケは「ＡＩは人間の仕事の在り方を変えるが、仕事は奪わない」という（「日本経済新聞」二〇一八年五月一八日）。ＮＴＴの鈴木芳久は「ＡＩがとってかわる仕事もあるが、新しい仕事は必ず生まれる」としている（「日本経済新聞」二〇一八年二月九日）。またアメリカ・マイクロソフト創業者のビル・ゲイツは、ＡＩ技術は人間に幸せを生み出すが新たな問題も生み出す。使いこなす知恵こそ「人が輝くＡＩ時代を迎えられる」という（「日本経済新聞」二〇一八年一一月四日）。単純にＡＩやＩｏＴが人類の明るい未来を約束するとしているものは少なく、むしろ失業や格差拡大へと帰結するのではないかという恐れ、便利すぎる社会の人間の問題、不確定な未来に対する不安要素を訴えるものが多い。

以上のようにさまざまな報道が飛び交っているが、いずれにせよ、現段階での想定であり、今後の人間の対応の仕方にもかかっている。

働かずとも所得配分がある？

人間の脳の機能を再現することを目的とした全脳アーキテクチャ・プロジェクトが、二〇一三年に日本で発足した。人間の脳に限りなく近い、というより、人間より記憶は正確で、膨大な蓄積を持つＡＩが、人間の脳と同じ回路を獲得し、考える力を持つとすれば、ＡＩは人間を超える水準になる。いわゆる「汎用ＡＩ」ロボットの出現である。それは、近未来に訪れる可能性が示唆されている。その時点では、経済や社会の在り方が根本的に変わる、いや変らざるをえない事態として、「シンギュラリティー」と呼ばれている。

井上智洋は、先にあげた著作の中で、多くの人が働き場所がなくなり、したがって給与のない社会となり、政策的に所得配分をする必要が生じるとする。例えば、国民すべてが一人・月七万円の最低所得保障金（ベーシック・インカム）を受け取る。家族五人なら月額三五万円を無条件に受け取り、暮らしを立てる、といった社会保障制度が必要だというのである。あとは、自由に必要なだけ働き、自分の思いのままに生活設計をして、楽しく生きて行けばよいということになろうか。

ある人は、そこでは人間は労働することなく、生活に必要なものが満たされ、その上いくらでも消費しうる王侯貴族のような暮らしのできる「至高者」となる社会だという。場合によっては、柔らかく弾力のある人工皮膚や技能を持ったＡＩ人間と、人が結婚することもありうるなどの議論もある。果てしなく人と機械は接近する。

果たして、人間にとってそれが本当に至高であり、幸せであろうか。

人は人間ロボットになる？

そのような社会状況の中で、人はどう生きようとするであろうか。

高橋透は、先にあげた著作で、汎用ＡＩ時代となれば、もはや機械が人間にとって代わり、道具としてではなく、生産の「主体」となる。そして人間自身は、「新生命＝ポスト・ヒューマン」時代を迎えるとする。言いかえれば人と機械が一体化した、人間のサイボーグ化である。人も汎用ＡＩ時代に対応して、変わっていく必要があるという。人はサイボーグとなって汎用ＡＩに近づかなければ、ＡＩに滅ぼされるかもしれない。こうして、人は生物性を超えて、社会の激震に対応する耐性をつけながら、新たな幸福を見出すべく生きていく。高橋はこうした社会を、個々の人間は、自分自身でありながら、同時に自己の破棄を迫られる「脱個体的集合体」だと名付ける。

高橋はさらに、このような社会において、「電子的なやり取りのみによって愉楽・幸福は高められるのであり、電子的やり取りのみがポスト・ヒューマンの可塑性（変化し進化しようとする弾力性）を刺激し、その自己超出を活性化させるであろう」と述べている。人は生物として生きた時代の幸福を超え、一種のサイボーグとなり、非生物的存在に変容することで電子テクノロジーと融合し、新たな幸福を選択するというのである。情報縁社会の中で、いわば人は非生物的な「人間ロボット」となり、機械の深化した「ロボット人間」とともに、人間的な居場所を求めることなど不要になるというのであろうか。

これはまるで、人が宇宙に跳躍するＳＦの世界ではないか。高橋は、「変だと思うだろうが」、

「想像だが……」としつつ、汎用ＡＩ時代の人間像、いや人間の変身像を、その是非を超えて、前記のように描きだしてみせる。高橋は、極論を語って、私たちに議論の必要性を喚起しているようにも見える。

このような予想もある中で、先般亡くなったイギリスの理論物理学者スティーヴン・ホーキングをはじめ、多くの論者が人工知能の発達の果てに、人類の未来に思いもよらぬ災厄が到来しないかと危惧している。もしそうなら、その発達を止めればよいのだが、人間の性《さが》から見て、その可能性こそゼロに近い。だから私たちは、好むと好まざるとにかかわらず、近い将来必ずや人類が汎用ＡＩとどう向き合うか、困難な課題に直面するのである。

そして人は蟻になるのか

私が、予想の難しい技術と人間の未来について書き綴ったのは、ほかでもない。そのような事態の中で、人は何をし、どのような自分であろうとするのか、どのような居場所を創ろうとするのか、どのような人生を生きようとするのか。人類全体にとって、切実な悩ましい問題を引き起こすであろうことは、間違いないと思うからである。

高橋透の予想を読みながら、私自身は、汎用ＡＩ社会について、なぜか大きさは違うがアフリカの森で見た、塔のような高さ一～二㍍《メートル》もある巨大な蟻塚の中で営まれる数万、数十万の蟻たちの姿を想像してしまう。蟻たちは進化の果てに、女王蟻とそれを取り巻く数匹の雄蟻、敵を監視し闘うための兵隊蟻、うろついて新しい食料の在り処を見つける探索蟻、九九％を占める真面目でおとなしい中性の働き蟻、蟻の社会は、このようなパターン化した世界だ。巨大な円形の巣を作る大型のスズメ蜂の社会もほぼ同様だ。

人もついには蟻やスズメ蜂のようになるのか。私は最近東京スカイツリーをおとずれたが、それを下から見上げた時は、人間の偉大さを思い、そしてその最上階から見下ろした時は蟻のようにうごめく人間の小ささを感じたことを思い起こす。

高橋がいうように、もしかするとＡＩ社会では、生産・管理、知識の正確な蓄積と人間活動への適用を担う「人型ロボット」、そしてその環境を快適と感じ、順応する「ロボット型人間」が共存・共生していくのか。さしあたりはイヤホン型のＡＩによって人間の問いに答える「万能執事」（ヒアラブル・デバイス）なるものにＮＥＣが取り組んでいる（「日本経済新聞」二〇一八年一月四日）。

おそらく人は最終的に、いちいちＡＩに聞くのは面倒になり、せいぜい一センチ四方の薄いＡＩチップを眼鏡のつるに装着し、場合によっては耳の後ろ辺りの皮膚下に埋め込もうとするに違いない。そして、現在解明の進みつつある生来の脳の働きと連動させつつ、すべての人が最高度の知識の蓄積と適用方法を身に着け、人と人の間に、知的能力上何の差異もなくなる。そうなれば、九九％の人間は、高層マンションに住む働き蟻となるかもしれない。いや、蟻は忙しく働いているが、人は全能でありながら働くことのない、享楽のみに生きるか、あるいはまるで悟りきったものの如く静かな存在になるのであろうか。

だが、よく考えてみれば、そうはならないであろう。それは人間の自律性や個性を放棄することであり、人間そのものの放棄である。それこそ面白くもおかしくもない蟻社会のようになることだ。ＡＩ社会の人間像、その居場所について次に考えてみたい。

3　人間の自然性、自律性

ＡＩ社会では、人間の頭脳を超える機器や人間の形をしたアンドロイドが、無数に登場して活躍し、生産を担い、事務をつかさどり、介護など人間の世話もするという。そこでは人間の居場所はどうなるのか。人は何を求め、どこで、どう生きていくのか

人間はどこまでも生物的存在

これまで、汎用ＡＩ社会の予想されうる状況を見てきた。そして、人間は蟻になるのではないかとさえ感じてきた。しかし、人間が事の内実を周知し自覚すれば、汎用ＡＩに翻弄されること

はないと私は考える。

確かに、誰しも用語辞典や百科事典以上に語彙や知識を記憶できないし、またＡＩの解く高度の数学など、とてもかなわない領域がとめどなく拡大するであろう。あるいはその発想の数や内容において、ＡＩに圧倒されるかもしれない。ＡＩは知識蓄積の宝庫であり、その集積の上にきわめて総合的な発想を提起するであろう。だが、そもそもそこに何を蓄積し、何を考えさせるかをセットするのは人であり、ＡＩの繰り出す発想のどれを採用するかも人なのである。

もしＡＩが人を傷つけ、害を及ぼす可能性があれば、そうしないよう注意深く限界をセットしておけばよい。万一、よからぬ人物が悪用を思いついて、危険なＡＩを横行させるならば、制度としてそれらを除去し、強く罰するしかない。犯罪としては、内容や広がりにおいて格段のものとなるが、司法のありようは同じである。ただ、国際的な場では、今のところ万国が認める司法機関はなく、問題が残る。原爆やミサイルと同様に、人類は日々進む物的な豊かさとともに、巨大なリスクに満ちた社会に生きていくほかないのである。したがってテクノロジーに幻惑されず、あらゆる可能性に留意していく必要がある。強力な世界政府の必要性も高まる。

人は、機械そしてＡＩを極限まで発達させ利用するが、生物としての、とりわけ人間という生命体としての欲望や情緒といった主観的世界を離れることはないであろう。人は、はるかに遠く深く思いを秘めて、汗を流し、血を流し、涙を流す存在である。人は、やはり機械とは異なり、あくまで生物的存在である。

このような時、私の思いを肯定するように、西垣通の『ＡＩ原論―神の支配と人間の自由』（二〇一八）が刊行された。私の知る限りＡＩ社会の真実について、これまでのところ最も説得力のある議論をしているように思われる。西垣は、機械はどこまでも疑似的自立性を持つにすぎない他律系の存在であり、人間は自ら行動のルールを定めて動く自律性を持つ存在であるとし、両者は明らかに異なるとする。人間は自ら身体を使って生活することから、世界の諸事物の意味や価値を把握していくが、コンピューターは基本的に統計計算を基礎としており、世界の意味を捉えることはできない、というのである。

人は改めて自然を求め田園に回帰する？

むしろ、人は便利すぎる社会、ＡＩの饒舌や、何事も判りすぎる社会に飽き、疲労して、生物としての生の喜びを極限まで押し広げようとするのではないか。とりわけ、奥深い大自然の懐に抱かれる喜び、原始の世界にさえ憧れを抱くようになるのではないか。人は、機械や装置の作り出す世界に夢中になるのもよいが、自らが作った凧が空を舞うことに、また母親は自分が育てた甘いリンゴの味にわが子が微笑むといったことに、より大きな喜び、より深い価値をもって、自らの存在を改めて自覚するに違いない。人はあくまで情報を利用する存在であり、情報の中に漂うのではない。人は個性と情念に生きる生物的存在であり、機械とは異なる。

それでも多くの人は、今日から明日、明日から未来へと、あくなき機械の世界へとのめり込んでいくかもしれない。だが、そこには無機的でやや空虚な世界が広がり、生ける自然の風景はない。人が最後に求めるものこそ、雄大にしてかつ微細なひだに満ちた自然世界であり、目前にする人との会話や絆ではなかろうか。少なくともそのような場が減ってきている。機器を利用し便利で有難いと思いつつも、生物としての人間であることにこだわりを持ち、「自然に還る」ことを目指す一群の人々が絶えず再生産され、問題を提起し続けるに違いない。そうした欲求と最も親和的であるのは、おそらく農村であり、農的営みや暮らしではないか。ＡＩの時代にこそ、人類の自然回帰、田園回帰が始まるのではないか。そこで新たな人間の故郷を創造しようとするのではないか。今、世界でも、そして日本でも、大きな流れとなっている田園回帰の流れは、その兆候といえるかもしれない。その流れは起伏しながらも今後大きくなっていくのではなかろうか。

決してＡＩを拒否するのではない。むしろ、ＡＩは人間的なもののより一層の広がりと輝きを支える手段として、最もよく機能するに違いない。また、村は都市を否定するのではない。都市は物的な豊かさを提供し続けたことに違いなく、これからもそのための技術革新を続けるであろう。都市は政治・経済の中心であり、劇場、絵画、音楽と、ますます人間の情念を燃焼させる手段と場を模索していくであろう。だが巨大都市はＡＩ社会の中で、自覚的に人間的であろうとするには空虚な場所と化すようにも思われる。高度ＡＩ社会では、巨大都市はむしろ、あまりにも人工的で便利に過ぎ、人間の生命体としての自律性を抑制する可能性がある。これからは、中小都市と農村の結合体が、それぞれの特性を生かし、交流し、自然と技術が一体となる人間的な生の空間として、未来の人類のもっとも良き故郷となるのではないか。

こうして、新たな人間の居場所、新たな〝故郷創造の時代〟が始まる。

4　労働と生活の本質的転換─自由で積極的な仕事の時代へ

これまで、ＡＩ社会における失業の拡大可能性、恐れや不安の増大、所得の減少と国家給付の必要性、人間のロボット化とロボット人間との共生といった議論を紹介し検討してきた。多くの問題が予想され、どのような事態が生まれようと、ＡＩの進化は止めようとしても止まることはなく、ますます進化していくであろう。それならば、むしろそれを与件として、積極的な人間社会のありようを展望し構想することが必要と思われる。そしてここでは、人間はあくまで生物的存在であり、自律性を持つとの観点から考えてみたい。

人は働くことを求め、道徳とする

小浜逸郎は、『人はなぜ働かなくてはならないのか』の中で、ヘーゲルの言葉を引き、「労働という営みの根拠が人間の社会的な本質に根ざすものである」こと、そしてそれは、「体制の如何を超えて、相互依存、相互交流を基軸とする社会的な共同性の存在を前提」として成立しているという。資本主義社会においては、社縁組織の中で生産にかかわる労働に対して、賃金として支払われる対価であり、社縁組織の最終的目標は利潤追求である。社縁組織は、社員の健康を維持し、各種の不安や不満を解消するため、社会全体の社会保障政策の維持・遂行に加わり、それぞれの社独自の福祉制度を用意するが、それは利潤の確保・増大という最終目標のためのやむなき費用と認識される。しかし、社縁社会はそれによって人々の物的豊かさを実現し、人間社会の相互依存性、共同性を支え、役割を果たしてきたのである。

だが、ＡＩ社会の中で、労働の主力はロボットとなり、多くの失業者が出ることとなり、また富の分配が偏在するとなれば、社縁社会の存在理由は失われる。現在でも、一年間に生み出された富のうち八二％が上位一％の人々のもとに流れ、残りの一八％を九九％の人々で分け合っているとする説もある。しかもその偏りはＡＩ社会の下でいっそう進むものと懸念されている。ロボットに税金を要求しようというこれまで聞かれなかった不思議な主張も生まれてくる。いずれにしても、そこでは生産の社会性、共同性という労働の意味は失われると考えてよいであろう。

ＡＩ社会、高度情報社会においては、生産と労働の意味はこれまでとは全く異なったものに変化すると考えられる。

労働、所得の意味や価値観の変化―ＡＩ時代の社会制度

多くの人が主張するように、汎用ＡＩの時代には、人間の労働が極限まで排除され、高度ＡＩの操作する機械生産の時代となる。そうなれば人は、何をして暮らすのか。

井上智洋は、汎用ＡＩ時代には、人はほとんど働く必要はなく自由だが、その代わり賃金は得られないので、ベーシック・インカムを得る最低生活保障制度が必要だとしている。それは生活保護とは異なり、新たな時代の保障制度だという。人はしばしば、多くを望まず、その給付で糊口をしのぎ、怠惰に暮らすかもしれない。いや、怠惰という言葉は過去のもので、まさに最高度の自由を得たのだということかもしれない。

ただ、すべての人は、単なる安易さや気楽さを望んではいないはずだ。人が働かなくて済むとは信じがたい。三〇数年前、ある著名な技術者の講演を聞いたが、「まもなく本格的なオートメーション・システムの時代が来る。人は働く必要がなくなる。その時何をして過ごすのか、皆さんは今からよく考え、準備しておく方がよい」との趣旨であった。生産の自動化は日々進んだが、いっこうにそのようにはならず、ますます忙しさはつのるばかりで、逆に長時間労働や過労

死などが問題になっている。

他方、アラブ石油産出国の人たちは、すでに最低生活保障の金を国家から与えられて暮らしている。石油という豊かな埋蔵資源に恵まれ、いわば国家貿易の下で、毎日「油を売って」暮らしているといってもよい。報道によれば、若者たちは日々大型バイクを乗り回し、働く大人たちの非難に対して、「働かないのがなぜ悪い」と開き直るという。最近、当該石油王国の王子は方針を変え、「石油依存の未来は暗い」と、新たな産業形成と労働の重要性を訴え、改革に乗り出そうとしている。

働かなくてもいいこと、労働の有無にかかわらず最低生活保障が与えられることは、果して人間にとって幸せなことであろうか。それはやはり、市場社会、資本主義社会で生まれた、「市場の失敗」を補うやむなき格差是正制度であり、やや軽々しい福祉政策だとは言えないか。人は自他のために意義ある行為によって得た報酬にこそ、深い意味や希望といった積極性を感じる。

また、AIに生産を任せ、働く時間が限りなく縮小されても、人は働くことを求め、それによる報酬を得、自立して暮らすことを望むに違いない。世界の富（保有資産の増加分）の配分格差の拡大傾向は、労働分配率の低下でますます強まっていく可能性が高い。物の生産や能力の発揮において、他より抜きんでた場合、かつては地域単位、そして国単位、今は世界単位で市場を席巻することができ、思いもよらぬ莫大な所得を得ることができる。市場規模が全く異なっているからである。それは途方もない格差へとつながるが、資本主義社会では、創意工夫による革新と需給関係によって、当然の帰結であり、悪事の帰結ではないのである。

しかし、この目もくらむような格差の実態、大多数の人が失業の危機に見舞われながら、最低生活費を得て暮らしを立てている社会の様相を想像しただけで、果たしてこれでよいのかと嘆息する。高度ＡＩ時代には、とめどなく格差を再生産するこれまでの資本主義的制度の延長線上にではなく、新たな経済構造にふさわしい意味と価値を持った、全く新しい仕事と給付の仕組み、制度が必要となるであろう。むろん障害があって働けない人たちへの給付は欠かせないが、ＡＩ時代の失業者のために、現行制度の下での貧困救済的、社会保障的な意味合いを持った最低生活費用の給付は、有害無益のものとなる。またＡＩ社会では労働の有無を問わず、一定の金額をベーシック・インカムとして各個人に給付するという考え方も、問題が多いように思う。

仮に、ＡＩ社会では人間労働が減少、軽減されるとしても、①少なくとも半日はそれぞれに仕事をする、②その仕事に対する所得に応じた追加所得が再配分政策の下で給付される、③革新的発明、超越した能力に対して相応の所得があるとしても、上限を定め、あるいは累進課税の強化によって再配分する、④少なくとも高校までの基礎的教育やそこでの給食の費用はすべて国家負担とする、⑤高等教育への支援を大幅強化する、⑥高齢者の健康と生活に配慮する、といった基本政策が社会的に承認される必要がある。ＡＩ時代に入った今、これらの政策は開始され強化していかなければならない。

もし、今後の社会が、ごく一握りの人々に大半の富が専有され、ほとんどの人はわずかなベーシック・インカムという「給付」に満足し、あるいは耐えるという社会構造を黙認し維持していくならば、人間社会はおそらく、先に危惧したように、蟻社会と変わらないものとなるであろう。競争を勝ち抜いた一匹の女王蟻、それを取り巻く数匹の雄蟻、そして兵隊蟻や獲物探索蟻、大多数の働き蟻、それが蟻社会の構造である。人間の未来を蟻社会へと導いてはならない。

「仕事をし、生活し、遊ぶ」人間

二〇世紀初頭、ドイツの地域計画家R・シュミットは、工業化社会は自然を排除し、空気を汚し、家や人よりも工場を大事にし、人を単に労働する存在としてのみ捉えた、とする。しかし「人は二四時間を生き、仕事をし、生活し、遊ぶ存在である」と主張し、それに応える産業・生活田園都市を形成しなければならない、と説いている。また、クロポトキンは『田園、工場、仕事場』（一八九八年）の中で、工業化社会において、人が心身ともに健康な生活を営むために、農業と工業の両方に従事し、協同的社会を営むことが望まれるとした。これらはあながち、初期工業化社会にのみ当てはまる事柄ではなく、無視できない思想のように思われる。

今や工業生産はロボットがやってくれるというのなら、生産局面で残るのは、人手の欠かせない農業である。むろん農業もＡＩを駆使した〝スマート農業〟の展開によって、大幅に機械化・装置化が進むかもしれないが、農業は生ける自然、変転する自然とともにあり、機械に任せきれない、さまざまな細かい人的作業や判断が残るはずである。全て〝植物工場〟でという時代は来ない。大地を全く離れた液肥栽培が、果たして栄養構成、味、安全、健康等にとって優れた食品であるかどうか。まだ研究が不足している。「野菜を放置した時、植物工場の液肥栽培の野菜は腐り、畑で採れた野菜は枯れる」という。この差異は何か、まだ明らかではない。ＡＩ時代に、人はますます大地を介してのびやかに育った自然野菜を欲するに違いない。

アトピーに悩む人も後を絶たない。ある著名な生命科学者が、証明はされていないがと、私に語ったことは、「近頃は土を汚いと考え、除菌靴、除菌衣料などといった商品が出回り、人間をあたかも無菌室の中に入れ込もうとする。しかし本来、人間にはたいていの菌類に対し抵抗力を持ち、あるいは持とうと努力する一群の遺伝子や細胞がある。しかし、それらが活躍する場が奪われ、ついにはそれが自分自身に向かってくるのではないか」という意味合いの話であった。

また私がアフリカに数回出張した際、「田んぼの中で泥まみれになって遊んだ人は、アフリカでも風土病など、容易になりにくい」と教えられた。そのせいか、子供の頃田圃の中を駆け回った私は、アフリカの水田稲作地帯を歩き回ったが、マラリアにも風土病にもかからず、体調に変化はなかった。人は自然の中でこそ、本来の生命力を育むことができるといえよう。

「人を喜ばせる喜び」へ

先述したように、人間が人型ロボットに一声かければ、何でもしてくれる。しかし、高齢者の介護にしても、人型ロボットがいかにスムースに身柄を運び上げ、犬やアザラシをかたどった可愛いAIが、いかにそれらしい会話に応じてくれたとしても、それはあくまで人の代用に過ぎない。子も孫も近くに居らず忙しいため、孤独に耐え、小さな癒しに満足しているだけである。人は時間があればあるほど、ロボットとの会話や介護に満足できない。心臓の鼓動や血液の流れ、暖かい肉親の手や、真心のこもった友人の言葉を欲するであろう。人間を本当に癒せるのは人間なのである。もし新たな雇用が生まれるとすれば、この領域において最も多いであろう。

内外の旅行者を受け入れるような場合でも、温かく迎えてもてなすというだけでなく、まさに人を喜ばせる喜びのための〝交歓業〟、〝おもてなし業〟として、所得のための「労働」というより、その本質的な意味を変える〝仕事〟となっていくであろう。

こうして人は、さまざまな限界や困難はあるが、精神的欲望の充実、心の豊かさや絆に結ばれる道をあきらめたわけではない。いや複雑な現実の背後にあるものが見えてくればくるほど、ますます心豊かな生活と社会を強く求めるようになっている。それも自分の心の満足だけでなく、「他の人々と共に、他の人々のために」という新しい次元へと進みつつあるように見える。

かつてある研究会で、私はこれまで述べたような人間の欲望と満足の諸段階について報告したことがある。食の欲求と血縁社会、食と生活の充実への欲求と地縁社会の時代、そして工業化・社縁社会の形成に基づく物的欲望の満足の時代を経て、今は心の豊かさ、精神的欲望の満足を求める時代が来ている。しかし、ともすれば単なる個人の名誉欲や嫉妬心、他者に対する優越感といった、人の心の奥底に潜む個人的な欲望の満足への収斂に終わる可能性もある。それこそ〝心して〟進まなければならない、という内容のものであった。

その時、話を聞いて頂いていたある経済人の方から、「その次がある。これからは人を喜ばせる喜びこそが大切だ。これこそが人間最後にして最高の欲求であり、喜びではないか」とコメントされた。私は、はたと胸を打たれたのであった。

こうした心の豊かさ、つながりや生活の質を求める社会への願望が膨らむ中、技術革新とともに時代はＡＩやＩｏＴを中心にした高度情報社会へと向かおうとしている。近未来とされるその社会は、こうした人間的欲求と結びつき、共鳴しあう居場所へと私たちを導いてくれるのであろうか。

人は夫婦や親子、友人や知人、近隣の住民同士といった身近な人のため、あるいは遠くとも貧しい人たちのために働くことに価値を認め、喜びを感じ、進んで仕事をするであろう。人は古代より、家族のため、親族のため、愛する者のため、そして隣人のため、狩りをし、採集して共に食した。私が見た原点のアフリカは、今も有無相補いあって「共食」する世界であった（『アフリカ農民の経済』）。その本質は、さまざまな形で現代にも引き継がれているといってよい。自然から離れやすい無機的なＡＩ社会において、人はますます自然の中へ、「人を喜ばせる喜び」へと、意味と価値を求めて向かうのではないか。

そして先に述べた保護的行為の意味に代わって、求めて働くことへの対価、権利としての受領へと、その意味転換が必要であることを示唆している。

こうして人は、働くことを求める存在として、せめて半日は働く必要がある。残りの半日は、自由となる。ＡＩ時代がそのような時代を出現させるなら、人は真の意味で平等であり、自由であり、真の暖かい自他愛を育むことになる。全く新しい人類の時代が訪れるといえよう。

多くの論者が予想するように、人はすることがなくなるといった事態は起こらないであろう。人は本来働くことを求めるというだけでなく、分けあって少なくとも半日位は自他のため、社会のために働き、その他の自由時間に、絵を描き、小説や詩を書き、写真を楽しみ、スポーツに打ち込み、各種のグループ活動をし、イベントを企画して人を喜ばせることに使うだろう。それはもはや、単なる余暇や楽しみというより、もう一つの仕事として、ほとんどプロフェッショナルな次元で行われるであろう。まさに、ほとんどの人が複数の生きがいのある仕事を持つ「多職社会」が来るのである。

むろん、半日といわず、昼夜を問わず、さらなる技術開発に励む、プロとしてピアノに打ち込む、小説や詩に没頭する、特定のスポーツに力を入れるなど、何かに賭ける一人一職の人も多いであろう。その生きざまは、全く個人の自由となる。

希望の場、新たな故郷―多職社会へ

そうなれば、徹底した有機栽培をする家族営農、他に仕事を持ちながらの畑づくりなどは、大きく注目されることになるであろう。都市に住み続ける人も多いであろうが、コンクリートとアスファルト、巨大な蟻の巣のような高層マンション、機械と情報機器があふれ、便利だがどこか空虚さの漂う都市を離れ、子育てのためにも自然あふれる農村地域、地方都市を目指す人もまた、大幅に増加するに違いない。〝生物的人間〟は健在であり、人は初め衝動的に、やがて自覚的に大自然の中へと繰り出していくのではあるまいか。

もはや地方都市も農村も、大都市から移住する人、内外の旅行者がやってくるのを待ち望む時代である。そこでは、都市・農村を超えた混成の居住者による、新たな〝居場所の創造〟、〝故郷の創造〟が始まっている。効率の良い規模拡大へと向かう営農も必要だが、その周辺に多くの住民が、半日営農者でありながらの写真家、家庭菜園を楽しみながらの画家や音楽家、介護者でありながらの陶芸家や詩人、半日勤めの教員でありながらのスポーツマンである等々、〝多数職〟〝半農半X〟（『半農半Xという生き方』）の時代が訪れる。塩見の待ち望む「大好きなことをして食べていける社会」の幕開けである。

このような状況を考えに入れたかのような、農地所有に関する考え方が見直されつつある。本来なら農地法上三〇アール（九〇〇〇坪）以上の取得でなければ農地の入手はできない。三〇アールは、農業経営を行うのに最小限の規模と考えられてきたからである。その下限を下げて、耕作放棄地などを活用すべく、誰でも畑づくりなどができるようにするのが趣旨である。空き家の紹介や、栽培指導などもセットで企画するＪＡ（農協）も生まれている（「日本農業新聞」二〇一八年五月一五日）。多くの半農半Ｘが広がっていくであろう。

また、地方都市や農村に住まうからといって、ＡＩやロボットを排除するわけではない。それどころか、ますますその恩恵を十分に享受しつつ、地域の人々、世界の人々と情報縁を結びながら暮らしていくのである。そこでは、人が人として生まれたことを心から謳歌し、強い絆を結ぶ〝希望の場〟となるのではあるまいか。そここそ、血縁、地縁、社縁、情報縁に囲まれた人間の居場所であり、意義深いなつかしの故郷である。そのような幾重にも縁に結ばれ開かれた場を、私は〝複合縁社会〟、農村のそれを〝複合性地縁社会〟、あるいは都市のそれを〝複合性社縁社会〟と呼び、次章で考察したいと思う。

第8章

浮かびあがる田園生活への思い

―新たな居場所を求めて

いま社会現象として強くなっている〝田園回帰〟の流れを、新たな居場所を求めるこれからの社会が向かう動きの重要な一つとして捉え、その実態と意味を考えてみたいと思う。他方ＡＩ社会における都市がどのような展開を遂げるかは、なお深められるべき課題であるが、農村との対比や相互関係において、私の見方を述べてみたいと思う。田園回帰の動きは、繰り返し波状的に起こってきた。その流れは今後も質・量ともに高まりながら続いていくと思われる。

私自身の体験の延長上で、その実態や意味を探ってみよう。

1　私の田園〝半〟回帰――人と自然に教えられる日々

過疎地での畑づくり

京都府の南部に、南山城村という府下唯一の村がある。そして標高約五〇〇メートルの場所に、茶畑と水田の広がる童仙房高原がある。私は、その過疎の村で、通いで畑を耕す「半住民」であるが、日々農村の新しい息吹を感じつつ過ごしている。そこからは、逆に都市の現実も見えてくる。都市と農村のはざまから、私は、故郷というものの意味、人間の居場所について深く考えさせられたのである。

私が通作する同村内の高原・童仙房地区も含めて、車だと京都市内までおよそ二時間、奈良市内まで一時間余り、伊賀上野市まで四〇分ほどで、他の過疎地より比較的恵まれた村である。それでも、一九九五年には四、〇二四人あった人口が、二〇一九年五月現在二、七一七人と二〇余年の間に三三％も減少、六五歳以上の老年人口は、全人口の約四〇％という超高齢社会となっている。そこに農村での暮らしを求め、青年たちが、あるいは定年後の人たちがやってきて自然に溶け込み、村人と絆を結んで過ごす人たちが増えている。その背後にはどのような意味があるのであろうか。まずはその実情を確かめ、私自身の思いも語ってみたい。

城陽市の私の自宅からは、一般道、林道いずれを利用しても、およそ一時間の道のりである。一般道は走りやすいが、林道はS字カーブが多く走りにくい。しかし四季折々の、緑のトンネルあるいは紅葉の山道を楽しむことができる。そして何よりも、サル、イノシシ、シカ、タヌキ、キツネ、野ウサギ、大型の鳥たちといった動物たちに出くわす面白さがある。

私は、七〇歳で職を去り、かねてからの願いであった生活三分法の暮らしを目指した。＜畑づくり—囲碁等の趣味—研究＞の日々である。私は、島根県のごくありふれた村の中堅の農家に生まれ、少年の頃は二㌶ほどの田畑があった。鍬・鎌農業の時代であったから、随分手伝いもした。その経験から、退職後は「一村びと」になることを念じ、子や孫たちも含めて一四人ほどの野菜類を自給する暮らしを望んでいたのである。そして一人の農業・農村研究者として、この過疎の村に、せめて「枯れ木も山の賑わい」にならないか、との思いもあった。

福井での最後の役目を終えて、城陽の自宅に落ち着いたちょうどその日、待っていたかのように、写真入りの二軒の古民家の広告が入っていた。奈良県柳生の里と京都府南山城村童仙房の里である。私は何か運命的なものを感じ、さっそく妻とともに南山城村に向かった。

そこは標高約五〇〇メートルの高原で、家は一五〇年近くたった古びた平屋であった。周りは農家が点在し、傾斜地に田畑が開かれ、杉林や茶畑が広がっている。なんともゆったりとした光景であった。近所のおばあさんが出てきて、「夏は涼しいよ」と声をかけてくれた。敷地内の庭には、大きなシャクナゲの木が、たくさんの花芽をつけている。牛小屋や鶏小屋までそのままだ。今は耕作放棄地となっている農地も、二三〇坪ほどついている。少年の日の故郷の光景がよみがえり、私の心は決まった。妻は、いつもの衝動買いだと笑ったが、そうかもしれない。

鳥獣害と雑草に悩む

以後、週二～三日ほど行く、私のいわば田園〝半〟回帰、村の〝半住民〟としての暮らしは九年がたち、一〇年目に入っている。全くの予定外だったのは、鳥獣たちの出没と雑草のすごさであった（『鳥獣害』）。

当初、山側には傷んでいたもののシカ害防止用の網の柵があった。しかし二年目、三年目と、しだいにシカやイノシシの害が目立つようになった。そこで民家に続く道路側にも網柵を張った。

それでもどこからか、網をかいくぐり、あるいは押し倒して侵入してくる。種子を播いたり、苗を買って植えたりして、これからという時に、根こそぎやられたら、どうしようもない。仮に白菜などが大きく育っても、シカは軟らかいところが好きで、一株丸ごとかじることはない。新芽の多い頂上部を、一口ずつかじって移動し、三〇株ほどを全滅させてしまうのである。

イノシシは、いも類を掘り返し、あげくに畑じゅう走り回って野菜類を傷《いた》めてしまう。孫が喜ぶだろうと西瓜を植えたが、熟してくるとアライグマが手頃な穴をあけ、中身を手で掻い出してきれいに食べ尽くす。まるで二一世紀末の地球のようだと、怒りを抑えて笑うしかない。アライグマは小さくてすばしこく、どこにでも現れ防ぎようがない。サルはさらに賢くてお手上げだが、今のところ隣の和束町まで来ているが、ここには現れていない。冬の寒さが厳しいせいだと思われる。

雑草はさらに大変だ。できるだけ除草剤を使いたくないので、ついつい草ぼうぼうだ。草には、根を深く張るもの、他の草より高さで勝負するもの、膨大な数の種子を振りまくもの、風に乗って種子を広く飛ばすもの、つるを伸ばして一面を覆うもの、野菜に似た見分けにくい葉を伸ばして居座るものなど、寒暖、土質、季節、野菜の種類等に合わせて、ありとあらゆる草がはびこる。私のような〝なまぐさ農業〟では、とても対応できない。やがて、草の間に野菜が顔を出しているといった状況になる。

畑だけではない。畦道を覆う草はそれこそ千差万別で、最低でも年に三回は草刈り機で刈り倒して集め、乾いたところで燃やす。それをしなければ、隣家の畑に迷惑を及ぼす。草刈り機はよく故障するので、修理も大変だ。動かなくなった草刈り機や耕耘機に困っているのを見て、どれどれと直してもらう時は、その人が魔術師のように見える。素人の私には、機械には機嫌の取り方があることを、分っていないのである。

害虫も同様だ。どこからともなく現れ、それぞれ好みの野菜を選んで産卵し、幼虫は葉を食べて成長する。農薬は使いたくないので、放置すると、葉はレースのカーテンのように穴だらけとなる。農家に育ち、農学を専攻したのに、鳥獣害や雑草のこと、農業の本当の大変さを改めて体験したのである。

トンボの舞い、ウグイスの声

また、仕事の中でも、鍬をふるっての畝作りが最もつらい。暑さの中、寒さの中、それぞれの辛さがある。ある農業関係の新聞の欄に「深耕行雲」というのがある。「鍬仕事に疲れ、汗を拭いて見上げる空に、雲がゆっくりと流れていく」というほどの意味と思うが、なんともいえず爽快で、鍬を置く瞬間にぴったりとくる言葉だ。

鍬をふるう間、この地方でいう〝おしょらいトンボ〟が後を追って舞う。枯れた雑草もろとも鍬で土を起こしていくと、さまざまな小さい虫が飛び出す。トンボはそれを待って舞うのである。やがて私が疲れて、鍬を立て、腰を下ろして休んでいると、後を追っていたトンボが鍬の柄に乗り、目をきょろきょろとまわす。疲れのとんでいく瞬間だ。心得もないのに、下手な自由律句を読む。

〇休むごと　鍬の柄にのる　おしょらいトンボ　何を思うや　眼をくねて
〇鍬をふるい　鳥を聞いている私　私に聞かせている鳥

疲れも頂点に達するころ、「チリチリチリ……」と音がして、電話かなと携帯を取り出すが、違うようだ。小川の向こうの林で鳥が鳴いていたのだ。ちょうどその時本物の電話が入った。東京の出版社の編集担当の方だ。「もしもし」と応じると、仕事の話の前に「今鳥の声が入りました」と言われる。さすがだ。「そうですか、今畑にいますが、いろいろな鳥が大きな声で鳴くんですよ」、「うらやましい」。東京の多忙な事務所と、鳥の声が鳴り響く畑の差を思って、私は天国にいるような気分になった。

それ以来、鳥の声によく耳を傾けるようになった。この里では、ウグイスがよく鳴く。城陽の自宅裏の公園で鳴くウグイスと少々違う。耳を澄ますと、鳴き方も抑揚も違うと感じるようになった。ウグイスにも方言があるのではないか。ここは城陽市から三〇数キロ離れた山の上だ。専門家から見れば当然のことかどうか。私には大きな発見であった。このことを、ある広報誌の随想欄に書くと、編集者が末尾の「つぶやき」に、次のように書かれた。実はウグイスにも方言がある。というのは、昔京都の偉い僧が、江戸に赴任して来たが、江戸のウグイスは鳴き方が違う。京都のウグイスの声が懐かしいと、京都からウグイスを取り寄せて林に放した。以来そこは鶯谷《うぐいすだに》と呼ばれる名所となった、ということである。

私は長い研究の過程で、「場所性」を重視してきたが、自然の不思議を新発見したような気分であった。同時に、農業経済学を専攻しながら、自然のことが実は何もわかっていなかったのではないかとさえ思う。田園半回帰は、鳥獣害や雑草に悩まされながらも、私にとって、誠にかけがえのないものである。大変なことも多いが、それにしても村の暮らし、大自然と田園の中の暮らし、自分で野菜を作る楽しさ、さまざまな姿を見せる自然への畏敬や感動とともに、そこにはこれまでなかったような不思議な安らぎや癒しがある。そして次に述べるような人々との出会いと語らいに、素直な心になれるのはなぜであろうか。

田園に生きる人々と暮らし——複合経営と山野の幸

童仙房地区は、明治維新の際、禄を失った武士層のため、京都府が行なった授産事業としての開拓地であった。士族もだが、農家の次三男が多く入植した。当初、一四〇戸ほどが入植したが、今は七〇戸ほどになっている（『南山城村史』）。

童仙房の高齢者の一人、柚木三二《さんじ》さん（八九歳）によれば、入植後、田畑のほか、木材、薪炭、養蚕、お茶、陶器、やがてトマトやシイタケ、ブルーベリーなどの産物の組み合わせによって暮らしを立ててきた村である。しかし、木材は自由化ですっかり安くなり、現金収入で重きを占めていた薪炭は、燃料革命でガス・石油・電気などに代わってしまった。また以前は松茸がたくさん採れ、あっという間に袋いっぱいになり、肩に担いで帰ったものだという。しかし、スギ・ヒノキの植林、近年はシカなどの食害で、ほとんど採れなくなったということだ。柚木さんは、今も元気に軽トラックを乗り回し、だれかれとなく声をかけて、元気を配達してくれる。

過疎化したとはいえ、私のすぐ身の回りだけでも、西村さん、東尾さんはじめ、二軒の柚木さん、桜井さん等々、近隣には今も元気な農家に事欠かない。各戸とも水田はわずかだが、主力は数《ヘク》《タール》の茶葉の生産・加工やシイタケ栽培などである。他に、トマトやブドウ、ブルーベリーなどの果実も栽培する複合経営だ。茶業農家は戸別に茶舗を営み、煎茶にして販売する。南山城村の煎茶は、幾度か農林水産大臣賞も受けている。シイタケは、まだ原木も豊富で、大きな弾力のあるものが採れ、「一度ここのシイタケを食べると、他のは食べられない」と新聞にも紹介された逸品である。

家族で役割を分担し、農業と農外就業という、いわゆる兼業農家も多い。木津川市、奈良市、伊賀上野市など、車で通勤もできるからだ。外に出ても、土・日には童仙房に戻って、親たちと過ごすという人も少なくない。

各戸とも、おばあさん、おじいさんたちがそれぞれ畑仕事に精を出し、家計を助けている。朝、午前、午後と、休みながら一日に何度も手押し車を押して畑に行くおばあさんたちの姿がある。野菜類は高齢者の仕事で、たいていのものは自給している。イモを栽培し、自家製のコンニャクも作る。ここはまた山菜の宝庫で、ワラビ、ゼンマイ、コゴミ、コシアブラ、川セリ等々が暮らしに彩を与えている。またそれらを利用して、さまざまな漬物類を作る。儲けようとの思いはなく、まさに家族のため、できることをしていく喜びがある。近所にも、たびたび〝おすそ分け〟して、過不足や有無を補い合う。

健康長寿と生業──高齢者の影の労働

こうしてこの村では、それぞれの工夫で、さまざまな要素を組み合わせ、また家族の労力を組み合わせ、家計のための営業と自給のための生業の結合の中にあるといってよい。おじいさん、おばあさんたちの仕事は、オーストリアの社会学者イヴァン・イリイチがいうように、金額に換算することは少ないが、価値を生み出している仕事であり、家計を支える〝影の労働〟shadow work である。またそのことで健康に過ごすことができる〝健康長寿〟の暮らしがある。最近、「村の高齢者は、都市に比べて健康長寿を全うしている」との、いくつかの報告が出されているが、私には心から納得のいく話である。

私の畑は、草の間から野菜が顔をのぞかせているといった態《てい》だが、おばあさんたちの畑には草一本生えておらず、見事な野菜が育っているのに驚く。私は、たびたびその秘伝を尋ねているが、とても手が届かない。皆さんから何かにつけて教えられることばかりである。

柚木さんらはすでに高齢だが、軽トラックを運転し、現在半分は様子見や気晴らしだが、取った草を運び、藁や籾を片付け、家族の仕事を助けている。たいていのおじいさんたちは、脛が痛い、腰が痛いと言いつつ、なお仕事を続けている。私が畑にいると車を止め、草だらけでろくなものは育っていないのに、「よう、やらはるのう」、「いいのが出来ているのう」と声をかけてくれる。私も、「お宅も、無理せんようにね」、「足や腰が痛いのは仕方がないですね。私も年々あちこちが痛みだし、ようわかります」などと応じる。屈託のない会話で、互いに毎日同じやり取りや昔話の繰り返しだが、いっこうに飽きることもなく、気持ちが安らぎ癒される。この村は、今や私の大事な居場所なのである。

こうした中で、私の畑づくりは始まった。私はここに移住してもよいと思ったが、妻は足腰に痛みが出て寒さに弱く、やはり友人たちの多い城陽での居住を望んだので、片道一時間の通作となった。夏場は週に二回、冬場は週に一回くらい通うので、私はこの村の〝半住民〟と呼んでいる。今ふうに言えば、〝田園半回帰〟というところであろうか。

2　多様な田園回帰の人々

私などは、まさしく田園〝半〟回帰であり、半住民にすぎない。年齢も上がり、やや活動を弱めている人もいるが、この一〇年ほどの間に、この地域で私が出会った田園回帰の人たちを紹介しよう。その人たちは、そこを新たなわが故郷とし、居場所を創り、実に多彩な生き方をしているのである。

猪・鹿鍋の農家民宿／Uターンの井上博文さん夫妻

童仙房高原の中央部に、瀟洒《しょうしゃ》な西洋風の農家民宿・童仙房山荘がある。すぐ隣には地区の氏神様の大きな鳥居が立っており、初めは「おや」と思うが、よく見ると結構全体の風景の中に溶け込んでいる。童仙房自慢の民宿を営むのは、大阪からUターンしてきた井上博文さんである。

井上さんは、大阪の大学を出てから、就職に苦労した。当時は就職氷河期のさなかで、なかなか適当なところが見つからない。そこで二級建築士の試験を受けてパスし、ある企業に決定したが、なぜか直前になって取り消された。そこでスノーボード・スクールのインストラクターとなったが、最終的に大型量販店のマネージャーとして営業にあたった。その後しばらくして、父が亡くなり、残された山荘の経営を継ぐことにした。三〇歳余でのUターンであった。

山荘は、役場の職員だった父が、定年後の仕事として予定し、一九八〇年に建てた民宿であった。井上さんは、童仙房で生まれ育ち、子供のころ民宿の仕事を手伝った経験もあり、母とともに経営にあたった。さらに、この地の気候に合うブルーベリーの苗木を三〇〇本余り植え、摘み取り園を開いた。こうして、生活の基盤を作り、かねて考えていた地域の活性化に努めることとした。南山城村に、関西自転車オフロード戦を誘致したり、地元音楽グループを招いて演奏会を開いたりした。音楽会には私も参加したが、高原の広い茶畑に楽団の音が鳴り響いたときは感動した。童仙房は、東海遊歩道の通り道だが、こうした縁もあって、休日ともなれば歩行者はもちろん、多くのロードレーサーたちが、民宿前で一服しては、奈良方面へ、また和束方面へと走っていく。

井上さんは、思い立って、母を子や孫たちのいる北海道と沖縄に連れ立った。日本の端から端である。それからしばらくして、母は誰も知らないうちにこたつのそばで、うずくまるようにして亡くなっていた。私は「偶然ながら、良い親孝行だったね」と慰めた。母がいなくなれば、一人で民宿の料理を用意しなければならない。近所の人たちはみな心配していた。しかし、ほどなく井上さんは、友人の紹介で結婚し、すぐに可愛い女の子が生まれた。私は「おかげで、童仙房の人口が増えた」と冗談を言って祝福した。

井上さんは、「農村での生活は、都市にはない、実にかけがえのないものだが、村に入る人は、村の欠点もまた十分考えた上で入り、溶け込んでいってほしい」という。

村と農業に賭ける／サラリーマンだった坂内謙太郎さん夫妻

坂内謙太郎さん一家五人である。坂内さんは大阪の製薬会社に勤める中堅サラリーマンであった。製薬会社は医療機器部門が必ずしもうまくいっていなかったが、比較的給与もよく、経済的に不満はない。しかし、たまたま訪れた南山城村童仙房地区での催し「山の上マーケット」で、大きく人生観が変わった。後述する清水さん夫妻たちが行った催しだ。近畿・北陸各地から集まった五〇～六〇店に、温かさのこもる手作りの品、独特のセンスあふれるものが、控えめだが毅然として並べられていた。決して安っぽくなく、心を惹かれたという。

坂内さんは、標高五〇〇《メートル》にある過疎地で、このような催しがあること、予想外の人出や、自然の豊かさに衝撃を受けた。版画家の妻理恵さんも、かねてから望んでいたことであり、自らも自然の中で野菜などを作る憧れもあったので、「ここで皆が羨むような、心豊かな生活を作り上げてみよう」と、ついに決心した。近くに竹藪と畑地の付いた古民家を買い入れ、二〇《アール》弱の農地を借りた。この三月に村に入り、農家から古い鉄骨ハウスを譲り受けて、とりあえず約五〇坪、三百株のトマト・ハウス栽培を始めた。師は、同じく定年後村に入り、トマト作りをしていた柿木さんだ。

始めてみると、猛烈な雑草に悩まされ、どこで、いくらで売るのか、生活が成り立つにはいくらの面積をやればよいのか。まずは直売所にトマトを並べてもらい、奈良の八百屋さんにわたりを付けるなど、販売先を開拓した。様々な色のトマトを組み合わせたおしゃれな袋入りを、道の駅にも出荷している。挑戦と模索は続く。しかし坂内さんは、人間としての真の生き方を求め、いずれ皆とワークショップを開いたり、子供たちの農業体験の世話をしたりすること、また妻の理恵さんは新たな場で版画制作を前進させたいと考えている。私は、話を聞きつつ、どうか頑張ってほしいと願い、私自身のこれからにも思いを馳せたのである。

その後、山のふもとに念願の素敵な家を建てた。数羽の鶏が家の周りに遊んでいる。イタチなどに襲われないか聞いたが、今のところ大丈夫のようだ。鶏も自衛の術を知っていて、逃げ場のない小さな小屋に入れるより、自然のままにしておく方がよいのかもしれない。

しだいに「わが人生」への夢が膨らんでいる。

村で陶芸に生きる／清水善行さん夫妻

煎茶では、毎年全国一～二位の優秀な成績を残す京都府南山城村だが、今は農家数や住民数が減り、小学校は廃校となって、やや寂しさが漂う。その小学校の校庭に、毎年八月に各地から多くの人々が集い、にぎわっている。一体何が起こったのか。この地区で菜園に通作する私は、すっかり驚いてしまった。

清水善行さん・のばらさん夫妻が、このにぎわいの中心人物だった。善行さんは須恵器や白磁の陶芸家で、早くから童仙房に入った。ここは自然豊かで、窯に必要な薪があり、煙害などと言われず、陶器の町信楽《しがらき》にも近いので良い土もある。また二人の子供も素直に育つだろう。入ってみると、開拓の苦労を重ねてきた人たちで、よそ者扱いはなく、仕事に専念し、しだいに知り合いもできた。

その後、木工作家の富井さんたち二~三人が入ってきて、開所式をやりたいという。一緒に陶器や木工品を並べ、ビラを配布したところ、想定外の二〇〇人ほどが訪れてきた。それ以来毎年八月に開催することとしたが、陶器や木工品はもちろん、ガラス細工、織物、金属器、おもちゃ等々、手作り工房の参加が年々増えた。むろん、地元の野菜やお茶、たこやき、焼きそば、うどん、おにぎり、飲み物などの店もたくさん参加し、子供工房教室なども用意された。毎年七〇前後の店が並ぶこととなった。名付けて「山の上マーケット」という。

村でも二年目から支援を始め、校庭、校舎の利用はもちろん、バス三台を麓のＪＲ大河原駅からピストン運転し、小学校の元倉庫もアンテナショップとして貸与した。昨年は校庭、校舎内は約二、〇〇〇人の参加者で、芋の子を洗うほどのにぎわいであった。

だが、事情があって富井さんたちが村を去り、残念ながら今は沙汰やみとなっている。村の人たちも楽しみであったたし、何とか再開できないものかと思う。

少年教育に賭ける／過疎地に根を下ろす馬場正幸さん

馬場さんは過疎地の現実や将来に格別の関心を抱き、そこでの住民の生活再建と社会貢献にさまざまな可能性を探る行動の人である。

馬場さんは明石市出身だが、大学を出たら、過疎地の教育に貢献したいとの思いを固めた。教員資格を取ると、京都府丹後地域への赴任を希望した。しかし結局、京都府南端の南山城村の童仙房の小学校に行くこととなった。そこも生徒の少ない過疎地の小学校であった。まもなく村の農家の女性と結婚し婿入りした。以後、教員としてほとんどの期間をこの近辺の小さな小学校で働き、少ない子供たちを愛し、守り、面倒を見てきた。

子供の減少で、管理職でもあったその小学校も二〇〇〇年に閉鎖されることになり、それを機に定年を前に退職した。その後も「恵まれない子供たちのために」という精神は変わらなかった。田畑一ヘクタルには、米八〇アール、各種野菜、ブルーベリー三〇〇本などを育て、料理屋への出荷やもぎ取り園としても開放する。野菜を、独居老人家庭などに安価で宅配する。どこまでも地に着いた、温もりのある一隅を照らす生き方だ。

とくに私が感銘を受けるのは、中高生など図らずも罪を犯した少年たちのために、役に立とうという実践だ。退職前に「馬童仙」なるロッジを建て、そこで預かった少年たちと、ともに寝起きし、炊事をし、食事をし、畑仕事をする。夏休みなどに一人当たり三～四日から一週間程度だが、まったく親子のような付き合いをする。宿題も一緒にする。風呂は自宅か、近くの温泉にも行く。

少年たちは、やがて心を開き、身の上を語り、この山中で感じたことを話す。鶯の声のこと、本物の広大な緑空間や静けさ、それが少年たちの心に沁みるようだ。夜に和太鼓を思い切り打ち鳴らす時は、心が躍る。隣家は離れ、迷惑にもならない。今まで感じたことのない静けさや瞬く星空、その静寂を突き破って闇に響く太鼓の音、少年たちの心は何事も忘れて澄み切っていくようだ。少年は、尋ねてきた親たちと、寝転びながら久々に本音の話をする。

帰った後も、少年たちや親族から、便りが届く。「またそこに行きたい」、「畑仕事を手伝いたい」。このありがとうの心が、馬場さんは何よりも嬉しい。馬場さんは、Uターンでもなく、Iターンでもないが、自ら望んで、長年過疎の地にじっくり腰を落として貢献した、まことに人間的な生きざまといえよう。

最近は、農業をやりたいという青年も訪ねて来て寝泊まりする。孫たちとともに、池の鯉に餌を投げる馬場さんの顔は、慈愛に満ちている。

村の自然と文化の中で／手島光司さん夫妻

手島さんは京都教育大学教授、副学長などを経て、古民家を手に入れ、二〇一〇年南山城村に入った。木津川をはさんで、童仙房とは反対側の山村である。そこで大自然に抱かれつつ、田畑を耕し、少しでも自給自足的な生活に身をゆだね、出来れば村の役に立ちつつ、自由な人生を全うしたいと考えている。手島さんはそれを「自己完結型人間」と呼び、人生の一つの理想型とも考えてきた。妻の美智子さんは、夫に引きずられる形で村に入ったが、別棟の古民家を借りてギャラリー・デンを開き、イベントを開催し、地区の図書館運営に関わり、村の絆の拡大と新たな文化活動に一石を投じた。今ともどもに、村に不可欠の存在だ。

手島さんは大阪の生まれだが、子供の頃島根県隠岐之島に疎開し、農村生活の経験があった。その頃ひもじい日々の中で、生きるためには米、芋、豆類が重要で、何よりも土地が不可欠であることが身に沁みた。今や村々には、どこへ行っても草ぼうぼうの農地が広がっている。実にもったいないことだと思う。それが今の暮らしに繋がった。

手島さんは工学を学び、教育大で技術系を担当していた。古民家の修理はお手のものだ。時々学生たちを受け入れては、田畑を通じた自然とのやり取りによって、彼らの人間形成に役立てないかと考えた。農業を志す若者たちの力にもなっている。自分は今、人生最高の贅沢の中にあるのではないか。村の中に満足の場を見つけた、と感謝している。

美智子さんは、若い頃演劇がやりたかった、映画が作りたかったということだが、結局は平凡な主婦となった。しかし、もともと絵が好きで、長い子育て中に絵日記をつけてきた。それはペンで描き、水彩で軽く色を加えるものだが、個展を開いたほどの腕前だ。子供が通った幼稚園は、親にも宿題を出す面白い園で、そこへ例の絵を出すと、みんなの目を引いた。それがきっかけで、八人の仲間と絵の会を作って楽しんできた。絵は、同じものを描いても十人十色で、絵の面白さ、不思議さ、絵の力に目覚め、仲間と大阪で「ギャラリー・デン」を開設した。

その延長上で、村に入ってから、自治体の支援も得て、古民家を利用した「ギャラリー・デン南山城」を開き、二ヵ月ごとに新たな企画で絵を展示し、オープニングにはトークや音楽のイベントを開く。ギャラリーは無料でアーチストに提供する。過疎の地だが、思いのほか多くの参観者が足を運ぶ。デン＝Denとは、英語で「溜まり場、隠れ家、書斎」等を意味するが、まさに自立した「人間の場所」だ。また廃校となった村の小学校を利用し、地区のための図書館を充実し、仲間と管理の任に当たっている。

こうして夫妻は、それぞれの個性を生かし、自然と人間、人間と文化の本質に迫ろうとする思いを胸に、楽しみつつ、村を支える豊かな日々を紡いでいる。

馬に乗る子供たちの目の輝き／慶野宏臣さん夫妻の希望

慶野宏臣・裕美さん夫妻は、名古屋の職場の定年後、南山城村で、アーサー、夏香《なつか》と呼ぶ二頭の馬を飼い、発達障害の子供たちを乗せることで、症状の改善に取り組む。夫妻は一〇数年前村に入り、活動を始めた。それまでは大学を出た後、ともに発達障害研究所に勤め、定年前からこの活動への準備を進め、研究と実践を結びつけたのである。

発達障害は、対人関係への関心が薄く、人のことが読めない、やや社会性に欠ける、言語によるコミュニケーション能力に弱い、同じことを繰り返す等、発達に遅れや偏りが見られることをいう。これまで、その症状と脳の特定部位の関係は、次第に明らかにされてきた。しかし心身の働きをコントロールする、脳の総合的な力を刺激し、活性化させることで個々の事態も改善するのではないか。

日常的なことでいえば、その改善には、どうやら陽に当たる、呼吸の方法、階段等を上り下りするリズム等、三つの要素が重要なポイントではないかとされる。夫妻は趣味で始めた乗馬であったが、乗馬にはその三つの要素を、同時に満たすものがあるのではないかと直感した。ドイツでは、すでに障害者乗馬の意義が確認されていた。夫妻は三重湯ノ山のクラブ、雲仙の障害者乗馬コロニー、東京のポニースクールなどに足を運び、馬と人間について知識を深めた。

他方で、日本産・夏香《なつか》、オーストリア産・アーサーの二頭の馬を飼い、自分の子供のように育て、決して人に危害を加えない馬の育成に取り組んだ。子供たちが、尻尾を引っ張っても、足にしがみついても、腹を蹴ったりしても、決して動じず、慶野さんの指示のみを待つ賢い馬たちだ。アーサーは途中から、夏香は生れ落ちた時から、可愛がり仕込んだのである。子供たちは馬に乗り、その独特の雰囲気や緊張感、歩行のリズム等によって、声を発し、笑顔を見せ、やがて言葉を口にし、感情のやり取りへとつながっていく。

裕美さんは研究者でもあるので、多くの事例の経緯を記録していくと、明瞭に改善のプロセスが確認できた。子供たちの笑顔と親たちの喜ぶ様子に、夫妻は心から勇気付けられ、この活動の意義を強く感じている。夫妻のもとには、数人の障害児が定期的に乗馬に通ってくる。

過疎地で変化の少ない村だが、時々イベントが開催される。夫妻は賛同し、その一環として、喜んで村の子供たちを馬に乗せる。馬は村の人気者で、子供たちがしばしば人参などを持って会いにくる。家の周囲では、花が咲き、自給用のトマト、ナス、キューリ等が実りの時を迎えている。私も「老いるほどに一隅を照らす」ことができればと願っているが、夫妻は、大自然の中で、まさにそのような日々を送っている。

村で書かれた小説「校庭に東風《こち》吹かば」の映画化／柴垣文子さん

先頃、上記の映画が、かつての「二十四の瞳」に迫るほど好評で、全国各地の教育委員会推薦で上映された。この映画は、学校で声が出なくなり心を閉ざす「場面緘黙症《かんもく》」の少女、貧困で問題を起こす少年、そうした子供たちと正面から向きあい寄り添う女性教師などが登場する。そしてついに、少女は言葉を発するのである。その教師を名女優沢口靖子が演じている。私自身もこの映画を見る機会があったが、今、いじめ問題や、六～七人に一人の貧しい児童がいるという状況も思い、感動させられた。

その原作となったのは、京都府南部の過疎の村に住み、小学校教員を務めながら書いてきた柴垣文子さんの小説である。夫の治男さんも教員で、二人は大学の同級生として知り合い、京都府の教員となった。過疎の村に家を建て、子や孫たちものびのびと育てながら、小説を書き、地域活動などをしてきた。沢口靖子はたまたまこの小説を読み、映画化を希望し、自ら名乗り出て主役を演じたという。

またこの映画の舞台は、柴垣さんの住む村の、今は廃校となった小学校が想定されている。夫の治男さんは、映画化に必要な資金集めに奔走されたものの、残念ながら映画そのものは見ることなく逝かれた。

私は、これらのことを聞くにつけ、映画の出来栄えもだが、むしろ、村に住み、村を思い、そこで、さまざまな形をとって息づいている人々のことを思った。東京だけが人の棲みかや働き場所ではない。村でこそできる多くのことがあるのではないか。村にいても、気力や努力で小説も書ける、写真家にもなれる、陶芸家、木彫家、詩人、俳人等々、都市にない人間的な現実を見つめることができる。職業としての仕事を持ちながら、趣味とはいえプロ並みの実力を持つ人も少なくない。

人工知能（ＡＩ）や物の情報接続（ＩｏＴ）の世界が広がっている。情報におぼれることなく、人は、どこで、何を考え、何を生きがいとして生きていくかが、強く問われる時代が予想される。むしろ大自然の中で、消滅自治体などと言われながら、懸命に活路を求める人々や地域の中にこそ、再構築すべき人間的な暮らしの営みがあるのではないか。このようなきわめて健康な思考が、いま若者たちにも広がっている田園回帰の流れではないか。この映画は、私を、このような思いに至らせたのである。

田園回帰の動きが提起するもの

ここにあげた人たちは、定年後の人であれ、若い人であれ、いずれも都市の雑踏や騒音、排ガスの立ち込める空気、ただ決められた時間に従って忙しく働く職場や、ともすれば寝るために帰るだけの狭い居住空間に飽き足らず、そこを離れた人たちだ。そして、自然あふれる場所に、広い敷地をもってゆったりと住まい、野鳥の声を聴き、川の水音に耳を傾け、池に鯉を放ち、また自分で果物の木を植え、わずかでも畑を耕して安全な野菜を育て、ワラビやゼンマイ、イタドリやセリなど山野の幸を採って味わい、まさに自然とともに自由に生きようとする人たちである。

生活に十分な所得をあげられるかどうか不安もあり、雑草や鳥獣害など予想外の苦労もあるが、定年後の人たちも含めて、有り余る物の豊かさなど無縁で、質素で心豊かな生活を望んでいるのである。そこで心通じ合う人と語らい、少しでも多く人の喜ぶ姿を見て自らも喜ぶ、そのような日々を過ごそうとしているように見える。「一隅を照らす」というが、そのような物々しい言葉とは無縁でありながら、普通の暮らしそのものが、まさに周りの人々をも心和ませ、まさに一隅を照らしているのであった。

文明もここまでくれば、たいていのものは手中にあり、これ以上持っても自慢にもならない。物的欲望、経済的欲望は、持てば持つほど雪だるま式に膨らむ性質を持っているようだ。しかし、いったんその欲望の限界を悟れば、心豊かに過ごせる場のあること、「小欲知足」の世界に思い至るのである。

私も、週のうち二〜三日をここで過ごすにすぎない半住民、今風に言えば「田園半回帰」の者にすぎないが、ここでの畑づくりを願い、少しは過疎の村に役立つことはないだろうかなどと、ここに来るようになったものの、逆に人々の日々に教えられるばかりで、青臭く至らないわが身の未熟を思い知らされただけであった。

いま日本だけでなく世界的に都市民の田園回帰の流れ、新しい居場所づくり、故郷づくりを目指す動きが強くなっているという。そこには現代社会への問題提起と新たな展望も含まれているように思われる。もともと私たちはどこに居たのか、今どこに居るのか、これからどこに居ることになるのか、そして何よりも人はどこに癒しを求めるのか、人間の居場所、人間の故郷について、次に具体的に考察してみたい。

第9章

高まる田園回帰の流れ

1　都市民の田園回帰への願望と背景

AI社会への予兆と田園回帰

先にも述べたように、現代社会は、革新への情熱と科学技術の発展によって、生産の極限形態ともいえるＡＩロボットを駆使した全自動機械生産と、その管理へと向かいつつある。私は、その社会を、これまでの資本主義社会、市場社会の延長上に位置づけるのではなく、それを引き継ぎながらも新たな理念や道徳観の下に、人間のありようを構築していくほかはないと考える。

そこでは、食べるためのやむなき労働ではなく、またＡＩに生産の多くを任せて、国家給付を待つのでもなく、自ら意図し意欲をもって遂行しうる自律的な仕事を見つけ出すこと、あくまで仕事の対価として生活費を確保することが重要と考える。そしてこれまで述べてきたように、そこは精神的欲求実現の場、心の豊かさを求める場、とりわけ自己の満足を〝人を喜ばせる喜び〟に見出す場とするような、幾重にも縁と絆に結ばれた、顔の見える関係の場となるのではなかろうか。

また先に提示したように、半日それぞれの仕事をし、半日は好みの物づくり、絵画や音楽等の趣味やスポーツに精を出すといった社会になる。それは趣味というより、ほとんどプロのように生きる〝多職社会〟が現出する。

その生き方は全く個人にゆだねられる。人はなお大都市のさなかに生きるか、農村部に生きるか、地方都市に生きるか、生活の場所の選択も変わってくるであろう。今はＩＴを通じて、あらゆる情報が瞬時に世界を駆け巡り、発信でき、交信できる状況にあり、ＡＩやＩｏＴ等の機器も都市・農村を問わず広く活用され、情報をめぐる暮らしぶりに大差が生じるとは思われない。この情報縁は、全く場所を問わず個人的な選択基準の内にある。生活の場所も選択可能性が高まり自然との接触、家屋の広さ、人と無理なく接触し新たな形の縁を求め。絆を結ぶ機会の多い、地縁社会としての農村部で暮らすか、文化施設や教育機関に恵まれた都市に暮らすか、その生活環境からくる差異をどう考えて生きるかだけであろう。ある時は二ヶ所居住も可能だ。現代社会の中で、人々はさまざまな選択肢を得て、自覚的に自ら選び取って生きる時代が来たといえよう。

後に述べるように、農村はかつて、その村を生まれ故郷とするもののほかは、〝ヨソ者〟として排除する傾向にあったが、今や大きく都市観、人間観を変化させている。都市でもまたかなりの人々が、そこでの暮らしに飽いて、自らの新たな居住の場、自己実現の場として、地方中小都市、農村部、山村部を暮らしの空間として選択する農村移住願望、田園回帰願望が高まっているのである。その移住の背後にあるのは、旧産業社会の終焉、新たな社会＝ＡＩ時代の到来と複合縁社会の形成を予感させ、これまでの移住とは異なる理念を孕んでいるように思われる。ＡＩ時代こそ、田園回帰の条件を用意しているともいえる。

若者に増えている移住願望──新たな田園回帰の流れ

各地域から、農村の困難な状況が伝えられる中、他方で田園回帰の動きがしだいに強まっている。それも日本だけでなく、世界的な規模で進行しているという（『田園回帰の過去・現在・未来』ほか田園回帰シリーズ）。

図9─1は限られた期間であるが、二〇〇九年以降二〇一四年の五年間に、移住者は二、八六四人から、一一、七三五人と四倍強となっている。その後の数は定かでないが、この流れは続いている（「食料・農業・農村白書」二〇一八年版）。二〇一八年の「日本農業新聞」の調査によれば、二〇一七年度に全国二六府県で過去最多の移住者があったという。栃木県の二、四五二人、岡山県三、三〇〇人、鳥取県二、一二七人といった具合だ。特に若者世代、子育て世代が目立つ。就職氷河期時代の人たちも含まれている。そこでは子育て環境としての自然の豊かさ、新たなライフ・スタイルと仕事の両立、農のある暮らし、空き家となった古民家の再生と居住、ともに取り組む村づくりの楽しさといったことが魅力となっている。

総務省が二〇一八年三月に出した『田園回帰に関する調査研究報告書』によれば、田園回帰の潮流の高まりの特徴として、①都市部からの移住者が増加している区域が増えている。②特に

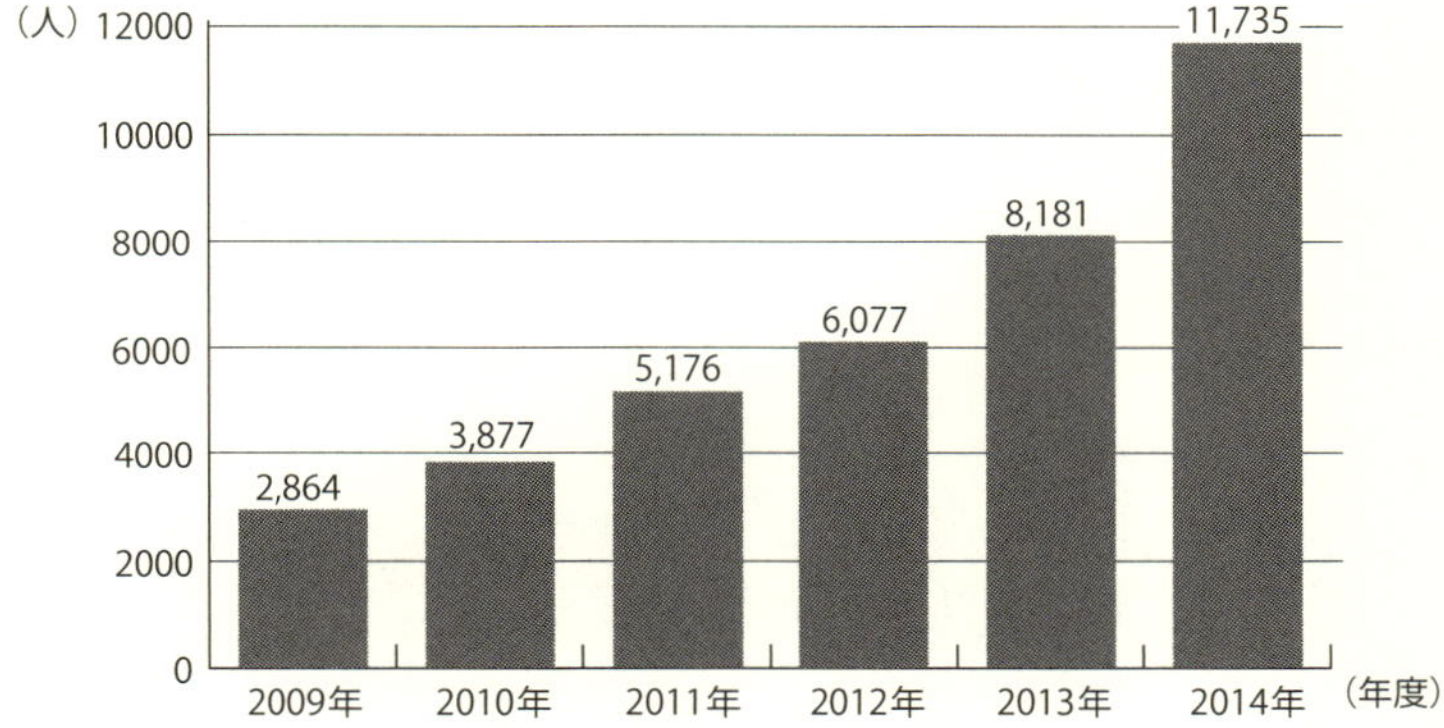

図9—1　移住者とその動向
出典）小田切徳美・筒井一伸『田園回帰の過去・現在・未来』農文協、2016年
注）NHK・毎日新聞・明治大学共同調査による（2014～5年12月）12頁

「田舎の田舎」である離島や振興町村といった過疎地域の中でも条件不利と考えられる区域や小規模区域で移住が拡大している。③施策を開始した時期が早いほど移住者が増加している。④支援体制の整っている地域で増加しているなど、地域差を伴いながら移住者が増加を続けていることを指摘している。また先述のような移住者の特徴を「ライフ・スタイル移住」と名付けている。

移住数は、日本の人口総数から見ればわずかな数字だが、このところ幾度目かのかなり大規模な田園回帰現象があるといえよう。この現象は、一九七〇年代、一九八〇年代、二〇〇〇年前後と、およそ一〇年おきに波状的に起こり、しだいに拡大している。いずれも、オイル・ショック、バブル崩壊、リーマン・ショックなど、多くの人の生活を脅かす経済波動の中で、またそこに生まれるスロー・ライフ運動など内外各地に見られる新たなライフ・スタイルへの欲求行動などにも影響を受けながら、生起している。

そして、ここ数年の動きは、これまでとやや意味合いが異なっているように思われる。というのは、都市住民の潜在的移住願望が大幅に高まっていること、いよいよ本格的な文明批判の様相を帯びた、いっそう強い思想性に裏打ちされつつあるように思われるからである。

図9―2は移住の意思の有無を問うたものであるが、二〇〇五年には移住の願望があると答えた者が二五・六％であったが、二〇一四年には三一・六％となった。都市住民の移住願望はおよそ四人に一人から三人に一人へと増えたのである。それは全世代にわたって増加しているが、特に二〇代から四〇代にかけての、若い層の伸びが著しいことが特徴的である。

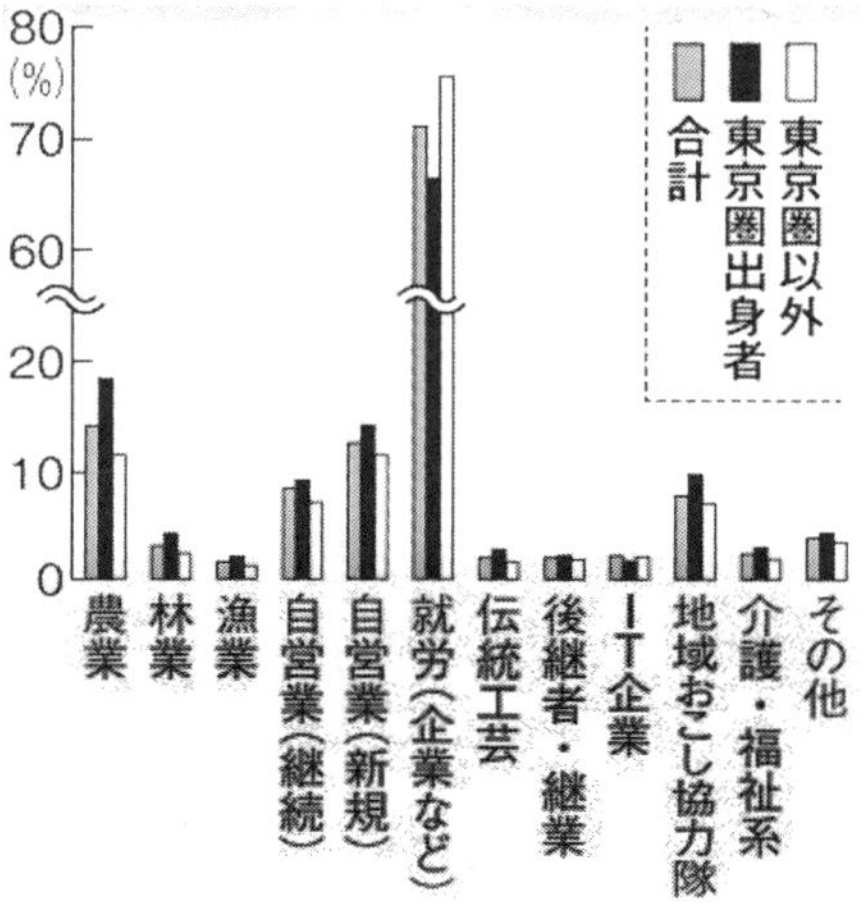

図9―2　移住先で希望する就労形態
出典）日本農業新聞 2019 年 3月 11 日

若者たちは就職にあたって、長寿時代となり、長く働くものとすれば、「楽しく働ける場所」、「趣味や家庭など個人の生活も大切にできる」ことに重きを置いているという。その際、農村

図9―3　都市民の農村地域への移住願望

出典）総務省「田園回帰に関する調査研究（概要版）」2017年3月　10頁

での人生に注目する人も少なくないと考えられる。ふるさと回帰支援センターによれば、図9―2のように、地方企業への就業を希望するものが多いが、同時に東京圏出身者ほど農林漁業への関心が高く、自然への渇望、農ある暮らしへの思いがくみ取れる（「日本農業新聞」二〇一九年三月一一日）。

総務省調査（二〇一八年一月二六日公表）によれば、都市地域から過疎地域への人口移動が進んでいる。二〇〇〇～二〇一〇年の間に都市部から移住者が増えた過疎区域は一〇八区域だったが、二〇一〇～二〇一五年の五年間には三九七区域と大幅に増加した。とくに中国・四国地方で高い。移住者の区域内人口比率でみると、移住者の比率が上回った区域は二・五倍になったとする、注目すべき状況がある。二〇一五年国勢調査で見ると、年齢別では一〇代未満一二％、二〇代が二二％、三〇代が二三％で、若い層が過半を占めている。

移住への関心を相談件数でみると、図9―4、5（次頁参照）のように、ふるさと回帰支援センター（東京都有楽町）に寄せられた件数は、年々増加し、二〇一七年に三・三万件を超え、二〇一八年には四・一万人と急増している。上記の総務省調査と同様、二〇～三〇代の相談が年々増加し、二〇一七年には全体の五〇・三％となっている。また総務省の全国調査では、二〇一六年度全国各地の相談件数は合

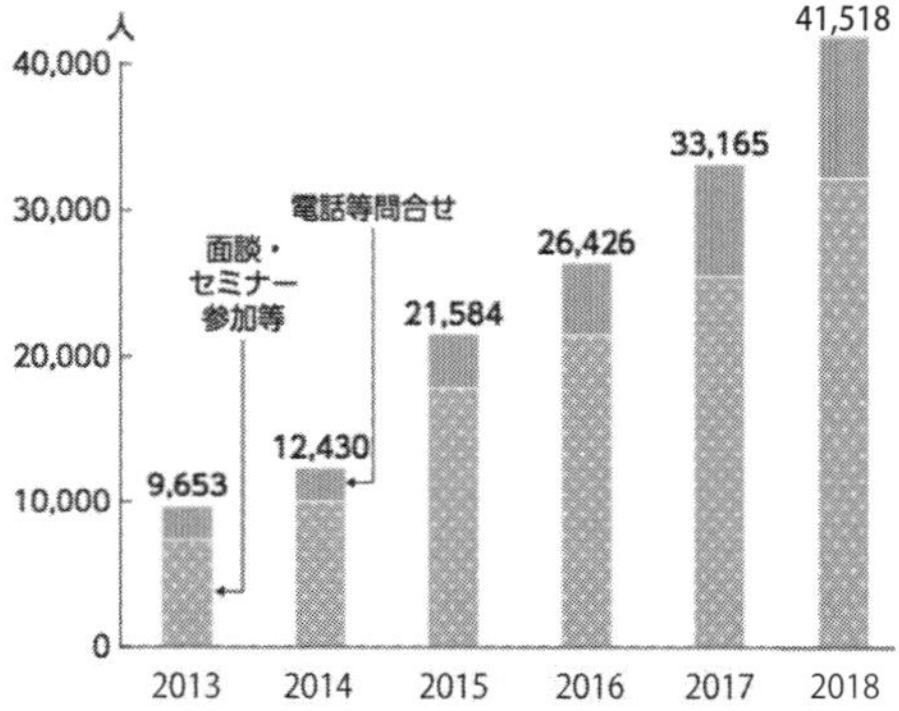

図9―4　農村地域への移住相談件数の推移

出典）『2017年度食料・農業・農村白書』（農林水産省、2018年度版）　221頁の図に2018年度を付加
注）資料はふるさと回帰支援センター調べ（相談の場合は件数、セミナーの場合は参加人数で、図は両者の合計数）

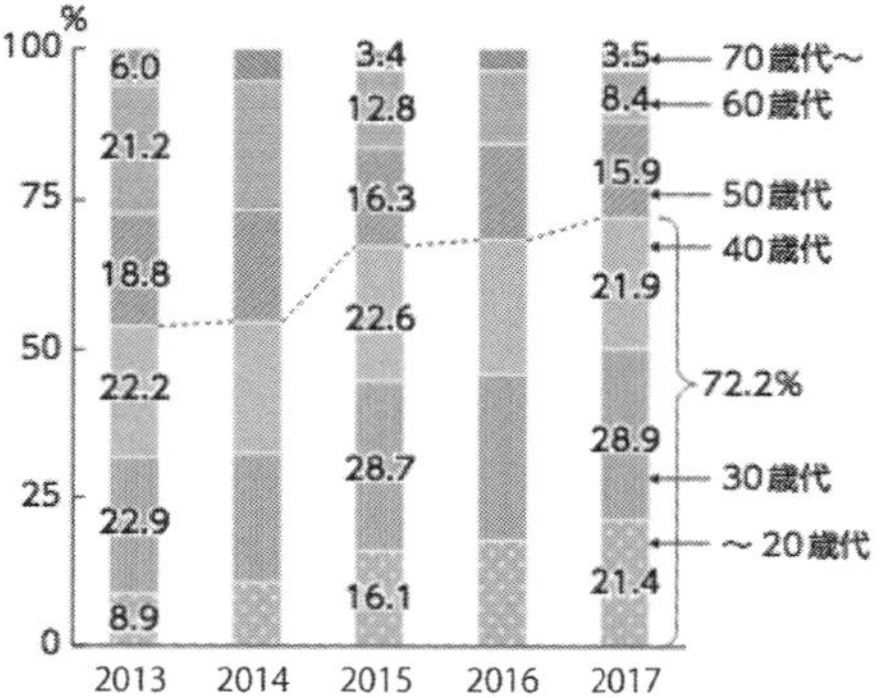

図9―5　移住相談者の年代別割合

出典および注）　図9―4に同じ

計二一万三四六九件にのぼる。そのうち上位一五県は次頁の表9―1のとおりである。

こうした動きは、時代の趨勢を反映していると同時に、農林水産省、総務省などの地域おこし協力隊（旧田舎で働き隊）の派遣制度、地方創生の諸政策も少なからず刺激を与え、一定の効果をあげているといえよう。各府県、各市町村自治体のほとんどは、それらを出発点として、それぞれユニークな移住促進策を講じ、移住相談会を開き、その開催回数も増加している。

地域おこし協力隊員は二〇一七年度で四，八三〇人おり、九八七団体に散って一～三年の間村おこし活動に従事している。そのうち女性が四割、二〇～三〇代が七割を占める。また隊員自身、六割がその地に定住している（総務省資料）。

こうした流れを捉えて、二〇一四年に、『農業白書』が〝田園回帰〟の流れ強し、との特集を行なうなど、その内容がしだいに明らかになってきている。また、内閣府では二〇一九年度予算に、東京から地方圏に移住する人に対し、国と地方自治体とで補助金を出す新たな政策を検討している。東京一極集中に歯止めをかけ、地方を支援するため、地方に移住して起業する者に対して最大三〇〇万円、中小企業に転職する者に対して最大一〇〇万円を補助するというものである（「日本経済新聞」二〇一八年八月二八日）。もし実現すれば、少なからず効果があるであろう。ただ、それを本格的にするには、ドイツの多数核分散型空間整備政策のように、大学、企業、官公庁その他の地方移転、地方財政力強化などが実行されることが必要であると考える（『祖田修著作選集・1—都市と農村』）。

表9—1　移住に関する相談件数の多い県（上位15県）

順位	道県名	相談件数
1	長野	15,021
2	新潟	13,246
3	北海道	11,794
4	富山	11,787
5	石川	9,099
6	兵庫	8,109
7	鳥取	8,059
8	高知	7,518
9	福井	7,148
10	山梨	6,932
11	岡山	6,779
12	島根	5,790
13	静岡	5,755
14	山口	5,559
15	和歌山	5,024

出典）総務省調査「2016年度・各都道府県別移住相談件数」2017年

移住への欲求と思想性・時代性

移住希望の理由は多岐にわたっている。表9―2や次頁表9―3に示したように、豊かな自然を求め、都会に喧噪を離れ、家族で新たな自立した暮らしをしたい、農業あるいは畑づくりがしてみたい、土地の値段が安い、広い住宅が得られる、ゆとりや安らぎが得られる、子育てがしやすい、等々、実に多様で心豊かな人間らしい生活への欲求の実現を目指して、人々は移住していることがわかる。

移住の背後には、大地・自然に根差した生活、環境問題を意識し、リサイクル型、循環型の生活への欲求、競争を原理とする都市文明・都市文化・都市的生活への限界の自覚、非正規労働・低賃金・貧困が蔓延する現実、経済的幸福（物）中心から多様な幸福のあり方へといった反省や自覚など、思想性に富んだ新たな都市観や農村観、自然観への変化が影響しているように思われる。それはさまざまな問題を抱える都市から新たな居場所、新たな故郷を求める流れであるといえよう。

表9―2　農山漁村に移住した理由

気候や自然環境に恵まれたところで暮したい	47.2%
働き方や暮し方を変えたい	30.3%
都会の喧騒を離れて静かなところで暮したい	27.3%
ふるさとで暮したい	25.1%
家族と一緒に暮したい	22.1%
家族や親戚の近くで暮したい	21.4%
趣味を楽しむ暮しがしたい	19.9%
ロハス、スローライフ、自給自足の生活をしたい	19.6%
資格や知識、スキルを生かした仕事や活動をしたい	15.9%
良好な環境で子育てしたい	13.3%

出典）総務省調査「農山漁村に移住した理由」アンケート結果（「日本農業新聞 2018年2月2日）

むろん都市には、匿名性や独自の自由性、

各種文化・教育等公共施設の充実、人の心をかき立てる華やかさ、多様な職種があり、自己の希望や野心を叶えるチャンスの多さなど、農村とはあくまで相対的・対極的な魅力があることも確かである。

表9―3　農村・都市の魅力と欠点

農村の魅力	都市の魅力
自然：四季折々の自然と風景	**生活・社会**：チャンスの多さ
台地に根を下ろす心の豊かさ	就業機会の多さと多様な職種
安い土地；広い敷地と庭造り	高等専門教育の機会の多さ
鳥の鳴き声，美しい星空	集中・集積に伴う経済的利益
動物飼育；鶏，山羊，錦鯉，亀等	医療・文化等生活施設の多さ
畑に野菜や果物、山菜や川魚	買い物に便利，交通の利便性
河川；川遊び，釣り，沢蟹	多様な接触と社交の機会が多い
リサイクル利用，循環型暮らし	子供の学習塾等が多い
太陽光・河川利用の自家発電	しきたり，家柄，身分，慣習，因習
生活・社会：互いの絆重視，人情	や協同作業義務からの解放
ゆとり，安らぎのある暮らし	流行や華やかさの中の生活
心と体のバランス保ち易い	政治，経済，文化等の知識収集
自然や親しみの中の子育て	生活の匿名性、秘密性の確保
時間配分・作業配分の自由性	スポーツ・娯楽施設の充実
競争・多忙・不安からの解放	ある種の気楽さ，無責任性
晴耕雨読，年齢に合った作業	刺激性，緊張性，変化性
趣味・芸術；碁，将棋，俳句，陶芸，	**都市の欠点**
木工，織物，絵画，郷土史研究等	地価が高く家や敷地が狭い
農村の欠点	通勤・労働時間が長く疲れる
就業機会，職種が少ない	社会の歯車，画一性と個性の埋没
買い物、交通に困難がある	競争や摩擦・不安が多い
過疎化し活力が萎えている	核家族，家族団らん少ない
医療・教育・文化施設少ない	多忙な感覚・速く，多く，合理的に
個人空間の少ない家の構造	転勤、単身赴任、子供放置
人権意識が低い	非正規雇用，低賃金，日照少ない
農林漁業の衰退、後継者難	高層・団地生活の孤独や不安
新しい村の在り方模索	災害時の対応困難、被害大
都市的生活の過大評価	

注）拙著『都市と農村』（農林統計協会）の表を基本に、小田切徳美・他「田園回帰シリーズ」農文協、村田廸男・乗本吉郎『イナカ再建運動』日本経済評論社、など多数の著作を参考に作成

他方、都市にも農村にも多くの欠点がある。それらの欠点は、しばしば魅力の裏返しであり、移住や移動への人々の動機の背後にも潜んでいる。

その移住の背景には、人間の欲求の多様なありようが反映していると同時に、高度工業化・情報化社会の光と影の影響が見え隠れし、現代という時代の特性や今後の展望が内包されている。

むろん、移住しても予想に

反してうまくいかないケースもある。それをできるだけ避けるには段階的移住の方法がある。まず移住相談から始まり、良さそうな各府県・市町村等移住地域を探す。それが見つかれば、地元自治体に行き、仕事、学校、病院、その他各種施設の状況を知り、次には空き家等の住まい探しや田畑の利用可能性を探る。いったん目的とする地域の町部に仮住いし、最終的な移住場所を見つけるといった段階的接近をすれば、納得のいく移住ができる。

こうして移住し定着した人たちの口から語られるのは、次のような明るい言葉である（各種関連文献、新聞報道等より抜粋）。ここからは、その後の生活の意味や重さが、解説の必要もなく伝わってくるように思われるので、そのまま列挙する。

なんか楽しい。

楽しい生活が始まった。

自ら生活を創り、生きる力を実感できる。

心地よい居場所、胸襟を開ける場所、役割を感じる場所だ。

自由な時間の多い、当たり前の人生があった。

何物にも束縛されず、心のままに楽しむ農行為がある。

本当の幸せを感じる。

お金では買えない、価値のある人生が送れそうだ。

顔の見える距離感がある。

思った以上の豊かな自然がある。

五感を通し、生きている実感が沸いてくる。

どこに居ても都市と変わらない。

喜びを提供できないかと考える……等。

人生は百歳時代を迎えた。職場で働く時間は長く、可能な限り楽しく、心豊かに、また人のためになり、自分の価値観にもあった場所と仕事を見つけたいという若い人たちの切実な願いは、当然のこととといえよう。その場所の一つに農村や、農村に囲まれた地方都市が浮かび上がっているのである。


ただ村に行きさえすれば、新たな素晴らしい生活が待っているというわけではない。とかく「ヨソ者」として村が排除しがちであった都市からの移住者、あるいは都市的なものを受け入れるに至った苦悩の経緯を理解し、ともに生きようとする心をもって向き合わなければ、そこもまた新たな居場所とはならないであろう。今行き詰っているとはいえ、村はそれぞれの誇りや矜持《きょうじ》をもって存続してきたし、都市とは異なる「村の掟《おきて》」といえるようなものさえあることを理解する必要があるだろう。村の人々も現代に生きる一人の人間として都市民と何ら変わることはない。ただ相対的に、自然の中に生きるものとして、また地縁を大切に生きてきたという点においいて、都市とは異なる習慣や習わしがあるにすぎない。ある地域では、あらかじめそれを周知することで、移住者は納得し、無理なく村に溶け込んでいくことができ、移住してきた人たちが失望し、再び離村するという事態は急減したという。その土台の上に新たな居場所、新たな故郷の創造が始まるのである。

2　変容する農村社会―新たな都市・農村観

瀬戸際に立つ農村

都市に対する否定的な見方は、都市の発生・成長とともに、とりわけ近代工業化社会になって一般的となっていった。第3章で、山崎延吉や横井時敬の都市忌避・否定、農業・農村賛美的な考え方について述べたが、それはヨーロッパでのフリッチュやシャリエの書に見るように、先進各国の初期工業化段階に共通して現れてくる。

しかし工業的発展と都市拡大は進み、とりわけ高度成長期を経て、都市と農村の関係は変わり、新たな融合への段階を迎えようとしている。高度成長期はあまりにも大都市中心、東京一極集中が進み、再び都市否定・拒否へと傾いたが、今後は都市と農村の同等性、同価値性が認識され、それぞれの特質を持ち優劣のない人間の居場所として、迎えられることになるであろう。その転換点にあって、都市・農村関係の不当性、村の矜持、村というものの意義を訴えたのが「イナカ再建運動」ではなかったか。

農村指導者たちは、市場社会の無惨な一面に憤りつつ、同時に村の無力さに打ちひしがれながら、懸命に再生への道を探ろうとしたのである。その代表的な事例が、乗本吉郎、村田廸男らの農村再建運動に見られる（『イナカ再建運動』）。

村の誇り、新たな事態―イナカ再建運動の思想と意味

乗本・村田の提起する農村再建運動は、島根県JA中央会によって、一九七六年同県農協大会で提案、決議された。それは「衰退と滅びへの道を歩んでいる日本の農業・農村を前にした農民自らの覚醒と、……決意に立った〝百姓の独立宣言〟である」といってよいであろう。一見同じようでありながら、村田と乗本とのあまりにも異なった農村認識と、最終的には村の再建へと一致していく過程に驚きの思いを隠せなかった。

村田は、大阪の船場に生まれ、大学で哲学を講じたのち、鳥取県境にある島根県伯太町に移住し、ムラに溶け込み、ムラの人間の一人になろうとして、暮らしを始めた。村田は、『ムラは亡ぶ』の中で、「都市人間のシラけた生活、空虚な文化」を「自ら追い求めてしまったムラ」や村びとに対し、「激しい憎悪と軽蔑」をもって、まるで叩きのめすように、村の現実と農業者を批

判するのである。そこには都市への侮蔑と農村への不信が共存している。

村田は、この「憎悪の底にムラへの愛がある」というのだが、村社会のただ中に生まれ育ってきた私には、やや耐えがたいものがある。村田にすれば、〝あのつまらない都市への憧れや、都市から受ける村への圧迫〟に対し、まるで無意識のように、飲み込まれ、変容していく村や村びとを、何とか救い出そうとする熱情からするものであったかもしれない。しかし、やはりそこには都市人としての目が働き、村に対するもう一歩の深い洞察や思いやりが欲しいと感じてしまうのである。農業者は、時代の激流の中で、苦吟し、自ら考え、喘ぎながら、積み木のように崩れやすい日々の暮らしを、懸命に生きているのである。

しかし、さすがに乗本吉郎は異なる。村や村びとの現実に、戸惑い、苛立ち、失望や無力感を感じながらも、私たちは「かく在り、かく考えてきたではないか」と、かつての村の矜持と倫理観に立って、呼び掛けるように、自他に問い詰めていく。そして『イナカ再建運動』で、村再建への基本的視点や道筋を提示する。この書は、村田と乗本の共著となっており、両者は「かつての村を取り戻す」という点で一致している。

その視点の底流には、安易な兼業化への疑問、田畑を大切にし、土地にしっかり根を下ろすこと、ヨソ者（都市的なもの）に依存しないこと、内面的な暮らし・安らぎの暮らし、相互扶助の見直し等々、「かつての村を村自身で取り戻そうではないか」との思いに満ちている。

しかしなお、そこには都市的なものへの反発や忌避などが多く含まれ、他方で近隣の都市部は大切だといった複雑な思いが交錯している。特に兼業に関する否定的な見方は、農業者に大きな戸惑いを与えたであろう。もはや兼業は、さしあたり、最低限の暮らしに不可欠の要素となりつつあったからである。乗本と村田の目指すものもまた、当時の段階での村指導者の苦吟の姿を映し出している。

「ヨソ者」観の転換

上記の運動は、変動する農村の転換点に位置するものであった。しかしそれは、村の現実と村が依って立ってきた理念を振り返り、その意義を確認しながら、なおかつ自覚的、自律的に新たな道へ踏み出そうとする上で、大きな意味を持っていたと評価できよう。二人が叫び残したものも忘れてはならないが、現実との乖離もあった。その村再建運動は、いわば時代の転換点、折り返し点に位置するものであったといえよう。

さらなる農村の後退の末に、今生み出されてきたのは、乗本らのいうヨソ者，農外兼業就業、都市的なものを排除せず、しかし同時に、村の誇り、村の矜持、地方の良さを大切にしつつ、ともに居場所創り、村創り、新たな故郷創りに参画する人々を村に迎え、受け入れる新たな道を選ぶことであった。

今各自治体は、地域を去る若者たちに代わって、都市を知り尽くし、都市を去ろうとする人々に望みをかけている。鳥取県大山町では住民自身が「築き会」を結成、移住者の呼び込み、移住後の支援、古民家の再生、婚活、アートや食のイベント開催といった活動をする。大都市から農村や地方都市への移住者を歓迎し、ともに村を再建しようというのである（「朝日新聞」二〇一八年三月二五日、ほか）。また島根県では、過疎化が極まり、高齢化が進み、農業経営そのものを、たとえ自分の子や孫でなくとも、まるごと第三者に継承させること、そして自治体もそれに最大三三三万円（補助率三分の一）の補助金を出す制度を整えるなど、かつては考えられない決断を公けにしている。

田園回帰の歓迎、移住者のための環境づくり、そこに住まおうとする人たちとの新たな故郷づくりへの道である。

第10章

複合縁社会の形成へ
―農村と都市のゆくえ

これまで、各章で見てきたように、人間はそれぞれの歴史的な社会段階において、高まる欲求を実現し、独自の居場所を創造してきた。その諸段階において、人間は苦闘しながら、農村居住と都市居住という大きく分けて二様の居住形態を築きあげてきた。そしてそこに、生存・生活していくための居場所を創造したのである。居場所は、人々がそこで翼を休め、癒され、明日への気力を高め、競争や争いもあるが、それぞれが属する社会の中で、出来る限り心地よく日々を営むことのできる故郷を形成し続けてきたといえるであろう。

ここでは、そうした歴史の諸段階が重層化し統合されていくであろう近未来の人間社会、人の居場所のありようを〝複合縁社会〟として展望・構想してみたいと思う。

1 「縁」の重層化・複合化——農村の道・都市の道

経済社会の展開と人間の居場所

これまでの章で、私は長い人類史の諸段階を、社会形態、生産様式、主たる欲望、居場所のありよう、満足や幸福の内容等々について検討し、その概要を第3章の表3—1として示したが、ここで改めて拡張し立体化してまとめたものが表10—1である。

表10―1　人間の居場所の推移と重層化・複合化

時代区分	狩猟採集社会	農耕牧畜社会	工業社会	情報社会	AI社会
主な欲望	食の安定	食の安定充実	物的欲望	心の豊かさ	自他の喜び
居場所の推移と重層化	血縁社会	地縁社会 血縁社会	社縁社会 地縁社会 血縁社会	情報縁社会 社縁社会 地縁社会 血縁社会	複合縁社会 情報縁社会 社縁社会 地縁社会 血縁社会

注）人類史の諸段階を、主な欲求と居場所のありようから、重層的、複合的に見たもの（筆者作成）
表3―1（43頁）を拡張し、別表現したもの

人類史は、大まかにいえば、狩猟採集社会、農耕・牧畜社会、そして農業革命、産業革命を経て、工業社会へと展開し、幾度かの産業革命を繰り返しながら、情報化が進み、ついにその極限としての汎用AI社会が近未来に訪れようとしている。

これらの諸段階は、単なる変化ではなく、順次営まれてきた居場所の核となる＜血縁、地縁、社縁、情報縁＞は、段階を追って重心を移しながらも、その都度積み重なり、重層化し複合化して現代社会を支えていると見ることができるように思う。現代社会はそれらの諸縁を、その濃淡はあれ、すべてを包摂することによってはじめて健やかに成立する、と私は考える。その過程を示したのが表8―1であり、その構造を表したのが次頁の図10―1(1)、(2)である。

ここにきて、私はAI社会での農村及び都市における人間の居場所、人間の故郷の望ましいありようを〝複合縁社会〟として提示したいと思う。また農村・都市という見地から相対化して見れば、その中心軸となる縁の違いから、農村地域は〝複合性地縁社会〟、都市地域は〝複合性社縁社会〟として特徴づけることができる。さらには、そ

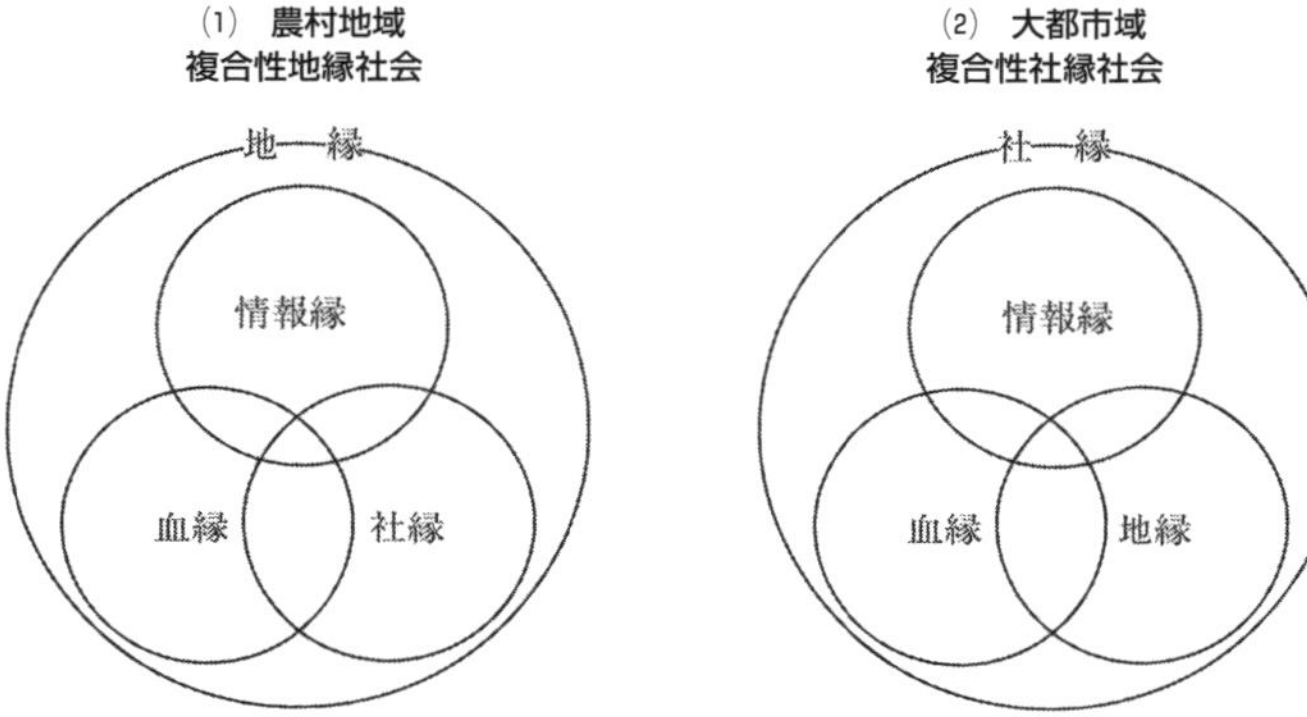

図 10―1　複合縁社会の構造

注1）農村地域は地縁を軸とし、血縁、社縁、情報縁を内に孕んで成立する。大都市域は社縁を軸とし、血縁、地縁、情報縁を内に孕んで成立する（筆者作成）

注2）これらの元となった開放性地縁社会の構想については、拙著『祖田修著作選集・3―農学原論』農林統計協会／2000 年

の具体化について思いをはせてみたいと考える。

複合性地縁社会―農村の道

近傍の地方都市を含む農村地域は苦吟・苦悶の果てに、いまや積極的に都市民を呼び寄せ、新たな思想の下に、わが故郷を人間らしい居場所として再生させようとしている。衰退し崖っぷちに立った故郷を維持・再生するためには、もはや村だけの力では無理があると考え、都市に出た若者たちのUターン、農村で暮らしてみたいという田園回帰願望の人たちのIターン、Jターンに大きな期待をかけるに至ったのである。これまでは、そうした人たちさえ「ヨソ者」として排除的であった村に変化が起こったのである。ヨソ者思想を捨てたのである。それは、村社会の本質的変容を意味している。人は限界点に立って、逆転の発想ともいうべく新たな思想へと身をゆだねるものといえよう。

先に見たように、都市の側でも、物の豊かさより心の豊かさを求める人たちには、都市と農村の現実を比較しながら、もしかすると、農村にこそゆとりと安らぎの人間的な世界があるのではないかと思われたのである。競争と成長を第一とする市場社会の展開の果てに、都市に広がる暗影にあえぎながら、自分たちにも期待してくれる農村の姿に、共鳴するものがあったのである。受け入れる方も入る方も、人はそれぞれの困難を克服すべく、いま互いに出会い、結ばれていくのではないか。苦吟の果てに、人は一条の光を見るのである。

また、工業化社会、市場社会の究極の姿がＡＩ社会であるとすれば、多くの仕事や思考もロボットにゆだね、あるいは奪われ、場合によっては、私たちはわずかな無償給付に日々を生きるかもしれない。もしかすると、私たちは人間としての誇りを失い、輝きを失った非生物的な存在と化してしまうのではないかとの不安さえ広がっている。そのようなある種の予感や不安が、自然への回帰、田園への回帰、人間的なつながりの中の心の豊かさへといざなっているのではないか。自ら喜び、さらに人を喜ばせることを、人間の最後にして最高の喜びとする、人間的な生活の回帰へと突き動かしているのではないか。今広がりつつある田園回帰の動きは、新たな時代への一つの予兆とも思われるのである。

こうして、農村地域は複合性地縁社会として、図10―1(1)のように、地縁を軸としながら、移住を受容して都市に開かれ、情報縁を通じて世界に開かれ、地方都市と連帯しつつ、顔の見える絆によって確かな血縁、そして社縁に結ばれる社会を創造しようとしている。そこは、多様性、場所性、循環性、持続性を許容する新しい人間の場所である。またその世界的連鎖によって、望ましい人類社会が構築されるのではないかと考える。このような場所を、私はかつて開放性地縁社会として提起したことがある（『祖田修著作選集・3—農学原論』）。

複合性社縁社会—都市の道

ひるがえって、都市もまた少なからず問題を抱えているが、第9章の表9—3に示したように、多くの長所がある代わりに、短所も多い。ＡＩ社会を迎えて、都市もまた変容し、再生しながら生き続けていくであろう。

高度経済成長を支え、その成長過程とともに、大都市近郊に生まれたベッド・タウンも、今大きく変容しつつある。大都市では、郊外から都心部へと人が逆流している。いったん郊外へと出た大学も都心へ戻る傾向がある。一時小学校も都心部では生徒が大幅に減ったが、このところ再び増加し過密化して、教室も運動場も設備も、どうにもならないほど不足しているという。〝郊外へ〟という〝ドーナツ化現象〟が今逆流しているのである。その背景には、若い共働き世代が一時間を超える混雑の中の通勤を回避したいこと、共稼ぎのいっそうの増加で、職住接近を望み、都心の高層マンションへと押し寄せているからである。

また私の周辺でも、高齢となり退職と同時に、郊外の戸建て住宅からマンションへと移り住む人が多い。庭の世話もできず、やがて車の免許証も手放す日が来れば、買い物も不便となる。〝断捨離〟で持ち物もスリムにし、部屋数は少なくてもマンションがよいというのである。

ただ問題も多い。一九八〇年代末、東京大学医学部が、高層居住と子供の成長について、興味深い調査報告を出したことがある。それによれば、高層階に育つ子供ほど挨拶や衣服の着脱、歯磨きなどの日常的生活習慣の発達に明確な遅れが目立つ、というものであった。先にそれを感じ取ったイギリスやスウェーデンでは、小さな子供を持つ家庭は、高層階をさけるように指導していると報じられて久しい。その原因は定かでないが、由々しい問題である。ほかに日照、騒音、大気汚染、一人暮らしの増加と孤独等々、問題は山積している。

これからも大都市に住まい、ますます科学技術の発展に賭けようとする人は途絶えることなく、また競争や不安をものともせず、企業社会の階層を駆け上ろうとする人も、あまたいることであろう。芸術・文化活動をますます盛んにしようと、寝る間も惜しみ、住まいが狭くとも、精進を重ねる人も多くいるであろう。

都市はさまざまな問題を抱えながらも、その解決を急ぎ、図10―1⑵のように、血縁や地縁には乏しいが、可能な限り取り込み復活させつつ、社縁を軸としてＡＩ時代の新たな人間の居場所を創ろうと努力を重ねていく必要がある。いわば都市でも〝複合縁社会〟、とりわけ〝複合性社縁社会〟として展開していくことになろう。もし、都市社会において血縁や地縁に薄く、肝心の社縁になじめなければ、人は情報縁にすがって生きるしかない。その時、人はひたすら機器や見えない相手と向きあい、「つながり孤独」の淵に身を沈めることにもなる。場合によっては引きこもり、鬱になって自死へ至ることもある。

日本海の断崖絶壁・東尋坊で身投げを阻止しようと余生をかけている人がいる。その人は、人を死に追いやっているのは「企業社会に優しさが欠けているせいだ」という。ここでいう社縁社会に厳しさばかりが先行し、人はしばしば無縁を生きているということであろう。それは大都市における大きな課題であり、最大可能な複合縁社会への道を目指し、真の働き方改革、真の社縁、まともな居場所創りへの努力が求められる。ＡＩ社会となり余暇が増えれば、家庭で子供たちの相手をし、また町内の活動にも参加し、遠方の人ともネットでつながることができる。それは血縁、地縁、情報縁につながることである。また、企業は、社員の健康保持や福祉に力を入れてきたし、社縁強化への芽もないわけではない。社員の健康や労働環境を守ることは「コストではなく投資だ」と改めて考え直し、社縁再生へ向かおうとする企業も増えている（「日本経済新聞」二〇一八年八月一八日）。

イギリスの「孤独担当大臣」の設置などをはじめ、人を無縁や孤独から救い出すことは世界的な課題となっている。

自由な居住地選択と〝縁側文化〟の復権

都市も農村も大きく変化しつつあるが、両方に共通しているのは、高度情報社会に突入しつつあるということだ。もはや都市も農村も、テレビ、ラジオはもちろん、ITを通じての情報やSNS（ソーシャル・ネットワーク・サービス）による人間関係作りなど、内外を問わず通じ合うことができる。今や都市、農村、離島と、どこにいても、そのメリットを享受できる。情報縁は場所に分け隔てがない。情報縁は、直接向き合うことは少ないが、人と人、都市と農村、地域と地域、国内外を結ぶのである。

そうであるならば、農村もまた世界に後れを取らない人間の居場所となるはずだ。これからは、おそらく都市・農村を問わず、その長短を確かめ、自分はどこに住まい、どのような環境を好むのかによって、自由に場所を選択し、それぞれに相寄って居場所づくり、新たな故郷づくりにいそしむ時代となったのである。都市はむろん農村を受け入れるが、農村もまたその門戸を積極的に都市に開く。

もし農村においても地縁が生かされなければ、人は情報縁に逃げ込まざるを得ず、空虚な孤独の世界が広がることとなる。第1章で述べたように、それとなく、気軽に人々を結びつけていく縁側の存在、いわば〝縁側文化〟の見直しが必要ではないかと思う。

田園回帰の流れは、居住の自由や、それぞれの欲求の多様性に基づく人間の居場所づくりに他ならない。それを可能にするのは、最小限生活を支える仕事や教育、医療、文化交流等のための各種基本施設を，小さくとも近傍の街区に整えうるか、その条件整備のありようにかかってきているといってよい。都市も農村もそれぞれの個性を生かして、人の居場所を作り上げていくであろう。

2　再生を目指す農村社会――複合性地縁社会の創造

明るさを取り戻す村

田園回帰の動きが強まる中、ゆっくりと明るさを取り戻しつつある農村も少なくない。それは、先に見たように、田園回帰、田舎暮らしへの動きが、波状的に繰り返し現れ、このところいよいよ本格的な様相を示しつつある。村は、このままでは滅びの道を行くしかないのではないかと心を決め、ただ東京一極集中を批判するだけではなく、腰を据えて都市から農村への移住促進に力を入れ始めた。

その背後には、後のない村の現実を反映しているとともに、新たな村の創造へと向かう覚悟の表明があるともいえよう。また地方再生、地方創生論の台頭、農水省の「田舎で働き隊」、その発展統合政策としての総務省の「地域おこし協力隊」制度の創設と予算化も力となった。そして各府県、各自治体はそれぞれの強みや弱みを検討し、競って移住者獲得に乗り出している。いずれも各地域の特色やアイデアを生かしたものだが、筆者なりに特徴的な事例を拾い上げてみると、表10―2のようなものがある。

表10―2　各地の特色ある移住促進策の事例

地域名	スローガン	移住促進の特徴や重点等
北海道剣淵町	「心のふるさと」絵本の里づくり	ヨーロッパに倣い、絵本館創設を起点に内外の来訪者、定住者の増加を促進
宮城県色麻町	便利で高質の都市絵本の里づくり	昔ながらの人情や生活・文化を生かす郷土仕事、教育、子育て、医療等総合的支援充実
新潟県十日町市	住み継がれる十日町へ	移住者の住宅取得や就農支援、子供の医療費助成
長野県北相木村	山村留学と移住の町	30年前より小・中学生長期留学受け入れ、自然体験、生活体験、そして移住促進
岐阜県恵那市	古民家リフォーム移活用し、移住進	空き家増加とその活用を兼ね、移住促進6年間に65人が移住した
福井県若狭町	若狭と東京をつなぎ次世代定住者増を	若狭出身東京居住者と郷里を繋ぐ広報誌町の発展方向模索、定住促進をはかる
鳥取県智頭町	若手住民の定住促進	日本一美しい村の1つ、45歳未満夫婦等の定住促進、住宅取得補助、生活・就業支援
島根県出雲市	多文化共生推進プラン	内外問わず移住者受け入れ、2018年現在ブラジル、中国等から4,001人が来住
島根県邑南町	日本一の子育て村定住促進計画	徹底した移住者ケアを行い、人口の社会増を実現、A級グルメの町等も目指す
高知県室戸市	太平洋を望む、海と山の町	雄大な自然、海の幸、山の幸、人々も人懐っこく、人情にあふれ、移住者を歓迎する
福岡県久留米市	便利で質の高い町自然の安らぎ満喫	九州各地への利便性、中規模都市の良さ移住とセカンド・ハウスの地へ推進

注）田園回帰シリーズ（農文協）や農水省、総務省、および関連自治体のホームページなどから、特色のある移住受け入れ促進の市町村を筆者が選んだもの

ここには、自然の豊かさと生活のゆとりを強調するもの、広い住宅や宅地の提供を掲げるもの、子供の教育環境やその支援策を充実するもの、住宅だけでなく就業支援をまず優先・強調するもの、海と山の近傍にあることを売りにするもの、人情の豊かさを唱えるもの等々、実にバラエティーに富んでいる。移住地は、もはや個人や家族の好

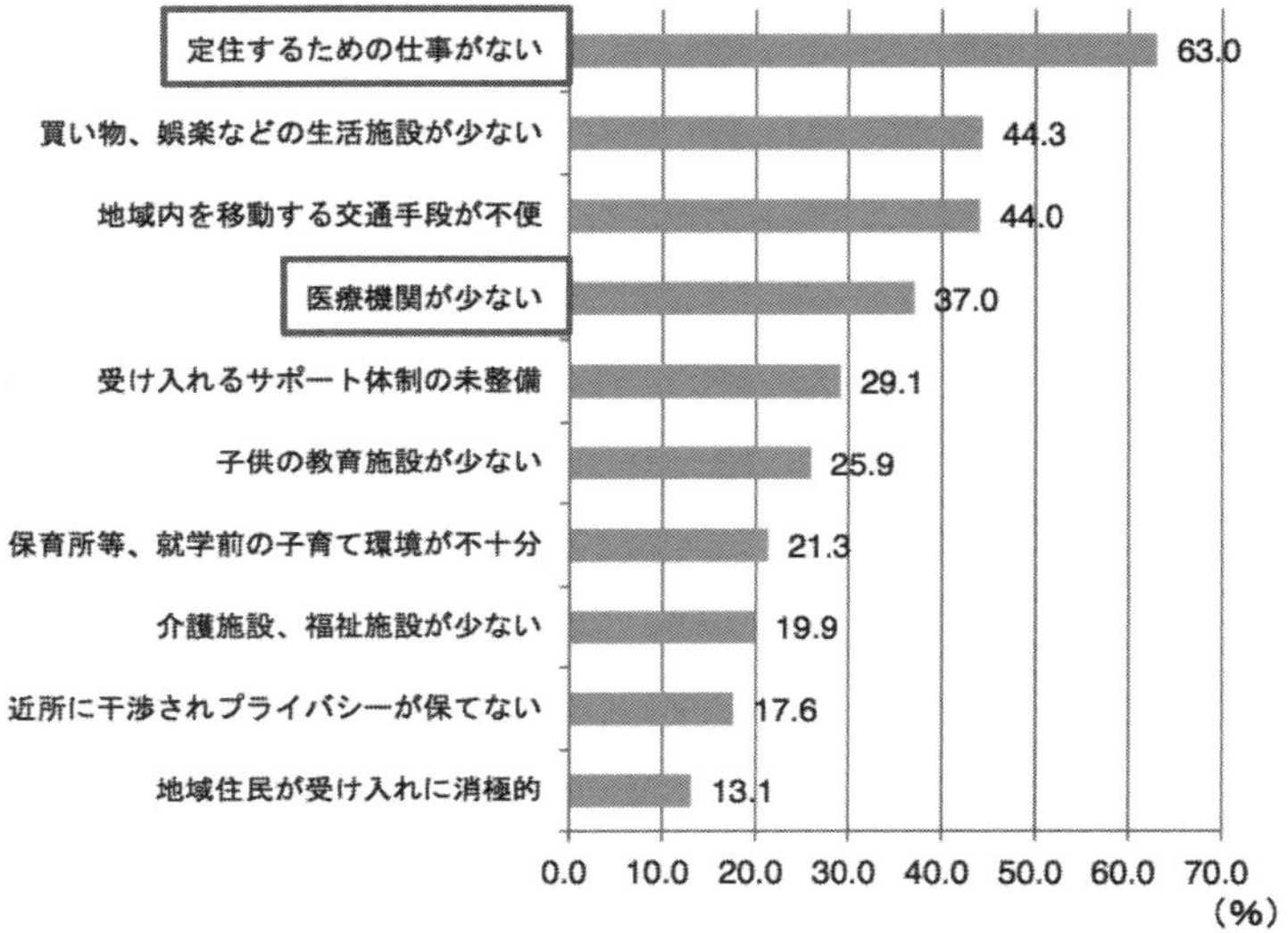

図10—2　移住者が心配し期待すること

出典）農林水産省「農山漁村に関する世論調査結果」2014年9月　53頁　複数回答数1880人、回答率62.7%

みによって、自由に選択できる。これらは、図10―2に示した、移住者の心配や期待に、それぞれユニークさを強調しながら、可能な限り応えようとするものである。

なんという大きな転換であろう。人や地域は、後のない限界点に立って、腹を据え、飛躍した新たな行動を起こすものだといえよう。そこには自己の欲望や利己心を超えて、他者の利、他者の喜びとともにあって、自己の喜び、地域の明日を担おうとする、未来に向かった創造の精神が働いている。そこにこそ希望の場、外に開かれ、地域の希望を共有する「複合縁社会」、「複合性地縁社会」への道がある。その典型的な動きが、鹿児島県や鳥取県などとともに、最も強い過疎化の波に洗われた島根県で起こっている。

国際社会化へと決断した出雲市

日本における在留外国人は、二〇一七年末現在で二五六万人を数える。東京都新宿区では、とりわけ外国人が多く、新成人の半数が外国人という状況だ。外国人の多い都市が連携する外国人集住都市会議（一五都市参加）では、多文化共生社会への道を模索している（「日本経済新聞」二〇一八年五月二八日）。これまでは、ブラジル等日系人には三世まで就労に制限のない在留資格が認められており、入国者が多かった。そうした人たちは日本語を話せる人もおり、職場でも、居住区でも、互いに溶け込みやすい環境を創り出していた。しかし、最近では、ベトナムなどアジア系の就労者が増加し、対応方法の再検討が迫られているという。

こうした都市の中でも、私の目を引いたのが、島根県出雲市のまちづくり構想「多文化共生社会の構築」である（「出雲市多文化共生推進プラン」）。出雲市は二〇〇五年に二市五町が合併し、現在人口約一七万人だが、そのうち四、〇〇一人（二〇一八年三月現在）の外国人が住まう。その数は、かつての農村あるいは地方都市を知る者には驚異的である。多国籍の住民を含む、これまで予想もしなかった新たな多文化共生社会が生まれつつある。

島根県では、高度成長以降、石見地域あるいは中山間地域を中心に、大幅に人口減が起こったが、東部の出雲地域は比較的安定していた。出雲市は、島根県では県都松江市に次ぐ第二の都市で、出雲大社という著名な観光地もあり、人口は一七万人前後の横ばい状態で推移してきた。しかし、若者層が減り、少子高齢化、未婚率の高まりなどは大都市同様で、何とか活力を維持したいとの願望から、総務省の考え方と相まって、二〇〇六年頃から新たな方向が構想された。国外からやってきた人々の目的は、技能実習生をはじめ、教授、技術者、留学生、経営管理者などさまざまだ。その人たちを、町の一員として積極的に迎え、共住しようというのである。むろん一定の期間を経て帰っていく人もいるが、ここで配偶者を見つけ、あるいは町が気に入って永住を決めた人もたくさんいる。市の目標も、今後やってきた人たちの少なくとも三〇%を引き留め、出雲の地に定住してもらう計画だ。

そのスローガンは、「互いの国籍や民族・文化の違いを尊重し、ともに暮らす多文化共生のまちへ」である。国際交流、国際協力の時代を超え、まさに来住者とともに助けあって住まう国際社会の創造を目指し、実践しているのである。自治体では、来住者の生活状態を詳細に把握したうえ、言葉の教育の場や通訳者の育成・充実、日常生活環境、子供の教育環境、住居や買い物、医療に至るまで、手を尽くして、気持ちよく過ごせるよう配慮している。

こうして、市内に居住する外国人は、二〇一五年の二、七四四人から二〇一八年初めには四、〇〇一人へと、三年ほどの間に急増している。その内訳は、海外からのUターンともいえるブラジルからが約半数、中国が約一割、次いでフィリピン、韓国などとなっている。その人数には、すでに市民として定住している人と、数年在住予定の人を含んでいるが、しだいに家族を呼び寄せ、日本人との結婚が進むなど、永住を目指す人が増えている。出雲市は広い農村地帯を含み、その利便を支えるいわば〝農村都市〟である。

いま欧米では、難民の流入や国外労働者の導入が進み、さまざまな問題が起こっている。国内労働者の賃金の引き下げにつながるとか、犯罪が増加するなどの議論も起こり、移民を敵視し、排斥する傾向も強まっている。すでに四〇年も前に私が滞在した当時のドイツでは、すでに外国人労働者が三〇〇万人余に達していた。特にトルコ系が多く、ドイツ人は彼らの集住する地区を、やや不安や皮肉を込めてトゥルカニジールング（トルコ化）などと呼んでいた。二〇一八年現在、ドイツ国民およそ八千万余人のうち、外国人八・七％、帰化した外国人一〇・五％に達し、国民のうち実質上の外国人は二割、約一六〇〇万人となっている。日本の外国人比率約〇・三％に比していかに多国籍化が進んでいるかがうかがわれる。近年のドイツそしてEU諸国の移民受け入れ拒否化の傾向は、多国籍化の過程で起こる事態の一面を表している。また、日本で進んでいる外国人労働者の導入も、特にこれまでは、徹底的に低賃金で使い切ろうとする傾向が強く、雇用主の身勝手さが目立っていた。

最先端を行く複合縁社会

だが出雲市の構想は、かなり異なる。その成否は今後にかかっているが、世界の諸民族を公平・対等にとらえ、定住化を進め、ともに人間の居場所、新たな多民族の故郷を創ろうとしているのである。そこにはグローバル化する世界の中の最も先端的な地域形成のありようを示す内容が含まれているといってよい。

日本は、難民受け入れをほとんど行っていないので、その実態はわかりにくい。世界各地で移民排斥、民族間対立や紛争などを引きずりながら、また混住の是非についての議論も残っているであろう。しかし二一世紀には世界各地域でグローバル化、混住化は歴史の必然としていっそう進んでいくに違いない。そうであれば、出雲市のような、納得づくの融和的な多文化共生社会の形成は、とても望ましい姿のように思われる。日本古代史を彩る国引き伝説の地域、国造りの地域、そして大きな「和」の国、「大和の国」形成に資した原点にある地域ならでは、ともいえよう。

その出雲の地に、松下幸之助を経営の神様と仰ぎ、「和」の経営を目指す企業経営者がいる。小松昭夫である。小松は、この地に自ら立ち上げた小松電機をはじめ、建設業、運搬業、コンピューターソフト開発など七業種を結束し「協同組合テクノくにびき」を発足させた。それは「人間らしさの追求」を掲げるグループだ。彼は「人間自然科学研究所も立ち上げ、環境に配慮し、人間らしさを追究する経営理念のもとに活動を続けてきたが、その思想と功績によって、日本ベンチャー大賞を受けている。

その設立記念式で、彼は次のように述べている。「私は利益追求ではなく、人間としてどう生きるべきかを常々考えてきました。事業を起こして、今年で15年、大きな転機と思い、人間らしい生き方を求めて協同組合の設立を呼びかけました。ハイテクで人間らしい生き方が損なわれてはなりません。異業種が協力してテクノロジーで現代の〝くにびき〟新しい事業を起こし、島根県の発展に少しでも役立ちたい」（『天略』）。

出雲市や松江市つまり出雲の国に、このような企業が存在することは、先の出雲市の地域づくりを考えるとき偶然ではないように思われる。ここには血縁、地縁、社縁、情報縁が蓄積され、統合された新しい複合縁地域社会とでもいうべき姿がある。人が地域を創り、地域が新たな縁や絆を作り出している。

私には、二一世紀における真のグローバル社会の形成は、地方から始まっているように思われてくる。

3　田園回帰受け入れ成否の要件

田園回帰は、農村での暮らしが見直されていることを意味する。ただ、それを本物にするには、移住者も受け入れ側も、相当な決心と可能な限りの体制づくりに努力することが必要だ。前出の図10―2は、農村移住希望者が心配し、期待していることを示すものであるが、これらに留意しつつ移住促進策成功への要点について検討したい。

中小都市振興と農村の結合

工業化の負の側面が出始めた一九〇〇年前後は、ヨーロッパにおいて田園回帰の動きが起こった時期である。イギリスに始まりドイツなどで展開する、いわゆる〝田園都市運動〟である。時代は異なるが、その後の経緯は大いに参考になる（『祖田修著作選集・1―都市と農村』）。

ドイツのR・シュミットは、すでに述べたように、イギリスのE・ハワード著『明日の田園都市』を参考に、〝産業・生活田園都市〟構想を作り具体化した。彼は、「人はただ働くだけではない。一日二四時間を生きて、仕事をし、生活し、遊ぶ存在だ」との観点から地域づくりを行った。つまり、人間には一家が暮らしていけるだけの〝仕事〟があり、日常の買い物、育児や近所付き合いなどの〝生活〟があり、時には映画や観劇、各種スポーツやおしゃべりなどの〝遊び〟が欠かせないというのである。これらは人間にとって普遍的な要素に違いない。その計画の中には、各戸の裏庭に菜園も用意されている。工業化・都市化の時代とはいえ、そこでは排煙や騒音を出す〝工場〟の前に考えるべき〝人とその暮らしがあり、自然がある〟というのだ。こうした人間把握に立って地域計画を推進したのである。これらは現代にも通じる総合的視点、都市・農村関係の視点が含まれている。ドイツ人はもともと「村に住み、町で働く」ことを理想としており、そうした考え方と結びついた中小都市の分散配置政策が進んだのである。

ドイツは、シュミットに発する中小都市重視の思想を発展させ、地域政策を推進してきた稀有の国である。戦後ドイツが、アメリカに都市政策視察団を派遣した時、アメリカ側は「ドイツにはシュミットの素晴らしい都市計画があるではないか。私たちはそれらに学んできたのだ」と答えたという逸話がある。フランスやイギリスでは、パリやロンドンへの単一核集中型の空間形成が見られ、ドイツは中小都市の分散配置と、そこに農村を結びつける多数核分散型の国土空間を形成してきたのである。地域主義思想に基づく国土政策といってよい。ＥＵにおいても地域計画の議論がなされ、ドイツ型を採用することが早くから確認されてきた。

日本でも、四全総以降「多極分散」が目指されたが、大都市集中、東京一極集中は修正できないでいる。そして今少子高齢化が問題となっているが、すでにふれたように、東京都の出生率は全国最低で、どうやら大都市集中と少子化は連動していることも明確になっている。今後の日本の政策の中で、都市・農村関係、人口配置に関してドイツの政策が教えるものは多いと考える。国として多極分散、地方中小都市の振興一層政策的努力をすること、自治体では農村部の生活センター創りが欠かせない。

仕事・生活・遊びのための施設配置

若い農村転入者が定住可能となるには、最終的に、まず安らげる住居があり、最低限の生活を支える仕事があり、子供の教育ができ、そして暮らしの広がりを支え、可能な限り社縁を取り込み、遊びの場でもある都市的機能の存在が欠かせない。今は車の時代だから、小さくともせめて二〇～三〇分走った所に、地方中小都市か、小さくともセンターとしての街区が欲しい。

村には、子供を自然いっぱいの中で育てられるというメリットはあるが、算数、英語、そろばん、空手、柔道、水泳等々、都市にある様々な種類の塾は、学びたくとも農村にはない。高齢者をはじめ、もし今後余暇の多い時代となるならば、塾代わりの多様な学習の場をボランティアで担う人も少なくないはずである。

子供たちも、将来すべてが同じ村での定住を望むことはないであろう。そうなれば受験競争に耐えうる教育をどうするか、進学の費用が用意できる生活水準を確保できるかなど、将来の問題もある。ＡＩ時代には、大学まで教育負担がなくなるのであれば、問題はなくなる。できればいくつかの先進国がそうしているようになれば安心だ。

村に入る方も受け入れる側も、相当の覚悟をもち、ともにそして地道に課題を克服し定住できるよう工夫し努力するほかはない。どこにも安易な道はない。自ら選び、構想し、工夫し、話し合って妥協もし、居場所を創り上げていく、その過程自体、人と村は輝きを増すといえよう。

「関係人口」の増大―縁側文化の再生

ＡＩ時代において、人と人との、あるいは人と自然とのぬくもりのある触れ合いが、いっそう重視されるものとすれば、地縁社会の重要性は増すであろう。

先に記したように、都市は農村を、農村は都市を求める時代であり、〝農村都市〟とでもいうべく、中小都市と農村の一体的地域づくりが望まれる。できることなら、ドイツで行われているように、巨大都市化を抑制し、都市を人口三～一〇万、数十万、一〇〇万などの規模別に、それに相応した各種の文化・教育・医療等施設配置を機能的に分け、それぞれ車やバス・鉄道で一〇分、三〇分、一時間で到達可能といった多数核分散型の都市配置がなされるならば理想的といえよう。

そして次頁図10―3のように、それぞれの都市からの移住者はもちろん、簡単なセカンド・ハウスを持つ二地域居住を楽しむ人々、私のような畑の通作といった「半回帰・半住民的」な人々、学校や大学からの農業体験活動や地域協力活動の生徒・学生たち、また農家民泊や作業体験等交流を希望する内外からの旅行者や姉妹都市の人々など、多様な関係人口あるいは交流人口を持つことが望まれる。さらには、可能な限り安定的な仕事場とその社縁関係を取り込み、市民農園の制度、障害者、高齢者、依存症患者の人たちのリハビリ等を兼ねて野菜作りをするソーシャル・ファームの場ともすることなどが考えられる。

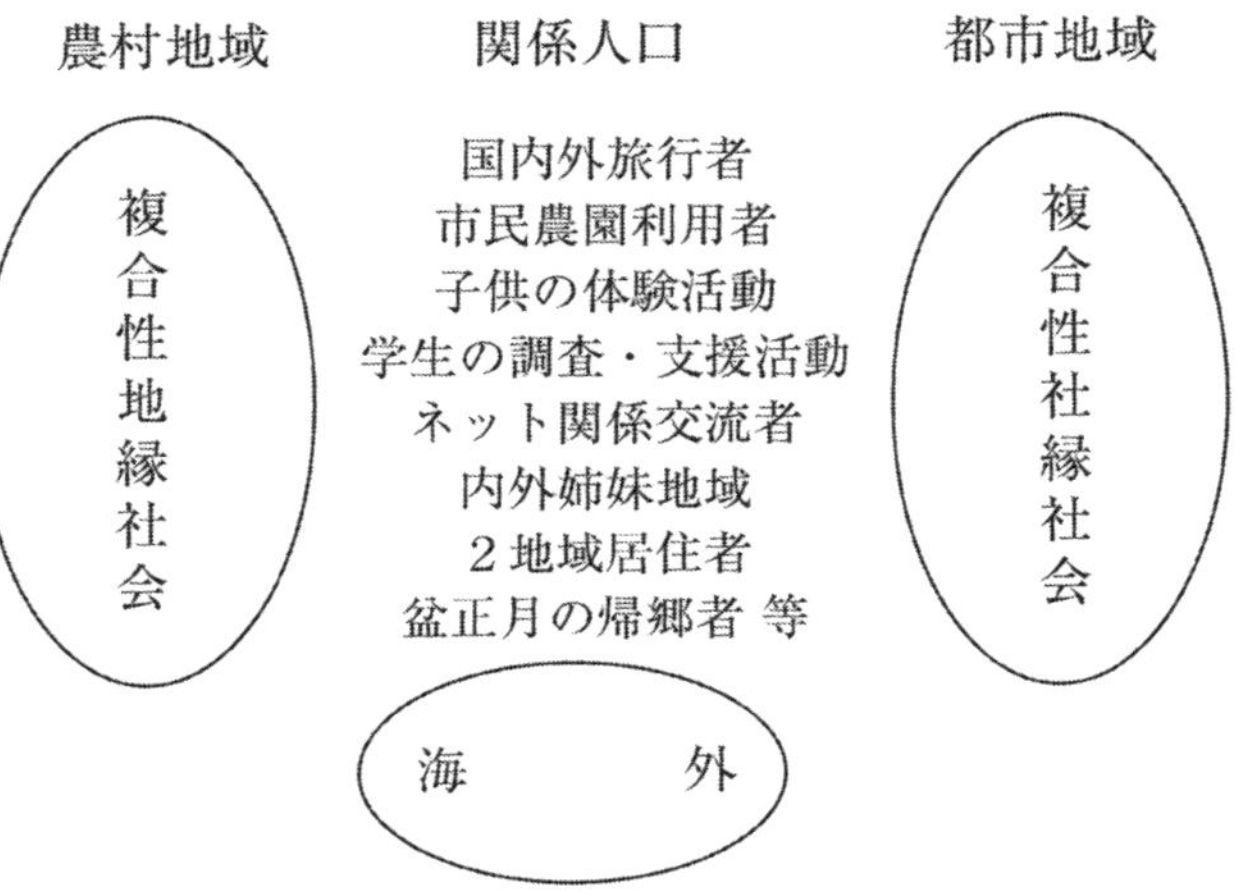

図 10―3　都市・関係人口の増加の方法

最近、こうした農業と福祉を結びつける、いわゆる農福連携事業が注目されている。池上甲一らは、農業と福祉の関係について、考え方と実際の両面から、多角的に追求している（『農の福祉力』、『農福一体のソーシャル・ファーム』）。

あるいは、今は都市に去ったが、この村の出身者たちが、たとえ親族は絶えた場合でも、盆暮れに訪れ、祭りやイベントに参加するといったことも企画されよう。農泊の推進は、内外の旅行者だけではなく、こうした際にも生かされる。国土交通省も「住み続けられる国土専門委員会」を設置、二〇一八年四月に関係人口の拡大を呼び掛けている。

また、農家民泊も人気が高く、関係人口として積極的に受け入れが進むであろう。農村に入った若者たちは、ＳＮＳを手段として世界に呼び掛け、日本農村独自の「心と事」を伝えようとしている

(「日本農業新聞」二〇一八年一月一〇日)。農政ジャーナリストの小谷あゆみは、農村の素朴な人情に触れて、「一度泊まれば遠い親戚、一〇回泊まれば本当の親戚」と書いている(「日本農業新聞」二〇一八年一月九日)。外国人旅行者は、「物から事へ」傾きつつあり、農村の自然と景観、祭りやさまざまなイベント、農作業、作物、食や住の生活体験に関心を注ぎつつあり、観光資源になるといってよい。農家や各自治体の対応が急がれる。政府も二〇二〇年までに、農村での滞在・宿泊者を延べ七千万人とする計画を立てている。

こうした多様な交流の中で、さまざまな縁とつながり、絆を取り結んでいく必要がある。都市と農村は実質的に結合され、自然や農業を理解し、それぞれに新たな意義ある居場所を創り出すことができる。

地方メディアの役割―鹿児島TV・地域ぐるみのドラマ作り

二〇一九年二月二日のNHKで放映された「地方の時代」シンポジュームは、地方メディアが地域のアイデンティティーを高め、活性化に資するために放映する内容について興味深い議論がなされていた。

若い頃に前田正名を研究したので、私も少し関わることになった事例を紹介しよう(『祖田修著作選集・2―地方産業の近代化構想―前田正名の思想と運動』)。それは鹿児島テレビの開局五〇周年記念に作成されたドラマ「竜馬が託した男―前田正名」である。鹿児島県は、さまざまなタイプの個性的な明治維新の英傑を生み出した地域である。西郷や大久保は、NHKの二〇一八年大河ドラマで取り上げられたが、鹿児島県や出身地の指宿《いぶすき》の人たちさえほとんど知らなかった前田正名という人物に注目したのである。

明治初年、前田正名は自力でフランスに留学して七年間滞在し、チスランに師事してその文化、経済、各種社会制度について学んだ。大久保利通に認められ、地方農工商業の振興、町村の経済発展に独特の考え方をもって行動した。政府主流は、海外の最先端技術を導入し、特定企業への模範工場の払い下げや資金供給によって移植大工業の振興に力を傾けた。そこからは、後に財閥として成長する企業や人が群がった。しかし前田は、むろんそれも重要だが、同時に、今地方に生まれつつある進取の機運や新たな商工業、農業への意欲を盛り上げてこそ、底力のある日本経済が築かれていくと主張してやまなかった。だが、現実は地方諸産業や農業を犠牲にしながら、事態は進行した。前田は、はじめ官にあって、やがて野にあって「前田行脚」を全国各地に繰り返し地方農工商業の振興に情熱を注いだ。

他の薩摩出身の重臣たちとは異なる、まさに現代の地方創生の理念にも通じる思想として、鹿児島テレビは注目したのである。そしてこのドラマは、指宿生まれの俳優、鹿児島県出身の作曲家や地元の演奏家、その他一般市民も「にわか俳優」として動員し作成されたのである。指宿の人たちは、改めてわが故郷を思い起こし、郷里を去った人々も一肌脱いで協力し、地方振興へのアイデンティティーを築き上げたのであった。地域メディアの役割は、まことに大きいものがあるといえよう。

人間・自然関係を学ぶ──市民農園の意義

専業であれ、趣味であれ、農業や「半農半X」といったライフ・スタイルに関心のある都市民が少なくないことはこれまで触れてきた。そこで市民農園についてもう少し述べておこう。関係人口の拡大は、単に都市民の農業・農村理解といったことだけでなく、人間の心身の健康と結びつける多くの思想と歴史がある。とりわけドイツのクラインガルテン（市民農園）に関する考察には多くの蓄積がある。その意義として、次のような点が指摘されている。

1)人間と土地・自然の結合
2)都市における自然保護（緑地帯機能）
3)心身の健康の保持（ナウアー Knauer は「緑の妙薬」という）
4)社会的・教育的意義（「緑の子供部屋」と称される）
5)自由時間の増加と利用
6)花、野菜、果物など家計への経済的補給ドイツ諸都市では、一般的に七世帯に一世帯の割合で市民農園を用意することを都市計画の基本としている。また、その住まいからの距離は、かつては「乳母車を押して行ける距離」(市内設置)、面積は一五〇㎡以上というのが一般的である(野菜・花の畑、芝生、果樹、キッチン機能を持つ小屋などを含む)。現在は車社会となり、徒歩でいける距離にはこだわらなくなっている(『市民農園のすすめ』)。

ドイツに比べると、日本の市民農園は、一区画の面積が小さく、都市計画の一要件と規定する都市は極めて少ない。「JAぎふ」では「農園付き賃貸住宅」を作ったところ、大人気だという(「日本農業新聞」二〇一八年六月一六日)。ただ農園は五坪で、ドイツと比べると大変小さい。アイデアがますます膨らみ、普及するよう期待している。

現代人にとって、クラインガルテンで〝土を耕すことは魂を耕すこと〟である。家庭は、とりわけ子供をもつ家庭は、高層のまさに塔のような住宅を降りて、一歩でも土に近い生活をする意義がある。経済学者W・レプケは、クラインガルテンの諸機能を〝庭園の力 Gartenkraft〟と呼ぶ。都市生活の中の〝自然への回帰 Zurück zur Natur〟の時間を重視するのである(『ヒューマニズムの経済学』)。私は、このような人間性を内包する経済学の復活を心から願っている。

三木清は「物を作ることは自分を作ることである」という(『三木清全集』7)。農作業は動物や植物を育てるので、三木流に言えば、〝生物を育てることは自分を育てることである〟といえよう。欧米では農作業重視の教育思想家、実践家として、ルソー、ペスタロッチ、ゲーテ、フィヒテ、オーエン、ベイリ、デューイ、シュタイナー等々があり、日本でも注目されるようになった（『食の危機と農の再生』）。

学童農園、市民農園、山村留学、体験学習に関する主張と実践が、かなり広範に進められているが、真の展開はこれからといえる。食と農の結びつき、相互理解は、農業と食のありよう（その内実、倫理）にとって不可欠だが、おそらくは各地域における、農業体験、地産地消運動、道の駅等での直売など、さまざまな形での生産者と消費者の接触と体験の中でしか生まれないのではないかと思われる（『食と農の新しい倫理』）。小・中学生たちが一週間程度、農村に滞在して農業体験・自然体験・社会体験を深めようと制度作りをする、超党派国会議員の動きもある（「日本農業新聞」二〇一八年五月二六日）。もし、実現できれば大きな前進である。

以上のように、人間生活という側面から見たとき、農業、農村は思いのほか重い意味を持つことが知られよう。農業・農村の関係人口づくりは都市・農村双方に大きな意義がある。

都市と農村の結合、農業と工業の結合、人間と自然の結合、いわば三つの結合の上に、新たなグローバル時代の居場所、新たな故郷、新たな文化への道が開かれるのではないか。

4 「着土」の文化・文明へ

動かざるものへの視線

経済の発展は、人、資本、労働力、さまざまな物財や生物の大規模な移動を促すこととなった。しかし、どうしても動かしえないものがある。それは、土地そのものと、それに付随した地形や気象などの自然条件である。いわば私たちを取り巻く大自然である。それらは、地域間で輸入も輸出もできない。とりわけ、農村・農業はその動かざるものと強く連動しており、それを環境条件として、大地・自然に根を下ろし、独自の文化を形成してきたのである。どこまでも〝場所性〟に立脚する産業としての農業と地域社会なのである。

現代物質文明は、私たちの物的生活内容をこの上なく豊かにした。しかし物質的欲望は、持てば持つほど雪だるまのように膨らみ、とどまるところがない。それは、私たちの経済的幸福を増大させたが、しばしば病のように嵩じて、成長至上主義に陥入れ、地球環境をほとんど極限まで撹乱することになった。人々は物の豊かさより心の豊かさを求めるようになって久しく、経済的幸福は過去の幸福であり、心の幸福、多様な幸福の形があると認識するようになって久しい。

そうした中で、静かにしかし大きな潮流のように起こっているのが田園回帰の流れであるといえよう。ただ、その流れが向かう先も、場所性を忘れた農工無差別の貿易自由化・成長至上主義に苦吟し疲弊の色を濃くしている農村であることは、偶然ではないように思われる。

私たちは、現代の高度工業化社会の光と影を、しっかりと見定めつつ、「場所性」の認識の上に、新たな社縁社会、そして地縁社会を創造していかなければならないと思う。

「着土」の文化・文明の創造

私は、かねてより「着土の文化」「着土の文明」を主張してきた。「着土」という耳慣れない用語であるが、実は私の造語である。長い間敬愛してきた、今はなき農家の古老の教えを、この一語に凝縮したのである。国民皆農などを主張しているのではない。その意図するところは、「人は改めて自覚的に土に着目し、大地・自然にしっかりと根を下ろし、地に着いた現代文明・文化を再構築すべき〝着土〟のときではないか」ということである（『着土の時代』、『着土の世界』）。

「土着」という言葉があるが、それは、自然に教えられ、自然に叱られ、自然とともに生きてきた、かつての私たちの祖先の姿である。しかし、その後近代社会に入って、人間と自然を明別するデカルトなどの思想に基づき、科学は発展し工業は急速に膨張し、都市が拡大し、現代文明が華開いた。私たちが、それをほとんど手放しで喜んでいた時期に、ロストウという経済学者も、

『経済成長の諸段階』の中で、まさにそれを「離陸」(take off) と呼んで、人類の比類なき成果とし、途上国も急ぎ向かうべき方向としたのであった。

だが現代文明の繁栄は、その離陸の頂点において、人間関係や環境に複雑で困難な影を落とし、私たちはまだその解決策を見出してはいない。私たちは土着から離陸した。しかし、もはや再び土着に戻ることは難しい。人類は改めて自覚的に、可能な限り、大地・自然に基礎を置き、「着土」の世界へと向かわなければならない時を迎えているように思われる。

人類は近代に入って、人口爆発を起こし、科学技術の発展によってあらゆるものを手に入れつつある。だが、それと引き換えに、山へ海へと繰り出し、自然資源を次々と掘り返し、生態環境を悪化させ、後のない時を迎えている。まるでバッタの大発生と同じだ。バッタの大群は、生存のために、植物と見れば当たりかまわず食い散らして進み、やがて一気に滅びてしまうのである。人類は、その築き上げた英知によって、少なくとも今世紀前半には、新たな展望を切り開かねばならない。

すでにふれてきたが、W・リースが『満足の限界』で説くように、経済的幸福、物的幸福は過去の幸福であり、幸福の一部に過ぎず、豊かさの意味を問い直し、トータルな意味での幸福に目を向けなければならない。S・ヴァグネルの説く「簡素な生活」つまり心の簡素と生活の簡素、W・ワーズワースの「低く暮らし、高く思う」といった考え方も、同様の見地に立っているといえよう。東洋でも、「少欲知足」という、すでに二千年以上前にインド仏教、中国老荘思想のそれぞれで育まれた思想がある。それは、欲望の限りない追求ではなく、適度なコントロールを求めている。

私たちは土の温かさや土の匂いを忘れ、大地・自然の摂理から遠く離れた。私たちは今改めて自覚的に大地・自然、農業・農村をベースにし、地に足の着いた文明と文化の再構築を目指さなければならないと思う。田園回帰は、ささやかだがその一つの表れであり、問題提起である。その先に最も安らぎのある居場所があり、新たな故郷があるに違いない。

新たな故郷の創造、それも日本の都市・農村民というだけでなく、国外からの人々も含めた地縁社会となれば、異郷、異界をも縁とする絆の場である縁側の意味は大きく、縁側文化に象徴される伝統的な「縁」の理念は、絆の土台、絆の始まりとして再び輝きを放つことになろう。

極限の縁と絆―行きかい住まい合う

これまで私は都市と農村を対比的にとらえ、その長短を論じ、都市と農村それぞれの未来を案じ、どちらかといえば私たちにとっての農村の持つ可能性を読者に提示してそれに賭けようとしてきた。しかし都市に暮らした経験のある者こそが、農村の良さや自然の偉大や恐ろしさを最も深く理解できるかもしれない。また農村に暮らしてきた者こそが、都市の魅力や人工的なものの凄さとその限界を感じとることができるのではないか。その相互性の中に、農業と工業の結合、都市と農村の結合、人間と自然の結合という三つの結合への鍵が隠されているのかもしれない。そう考えていくならば、人は都市と農村の両方に暮らしてこそ問題の本質をつかみ取ることができるであろう。

そうであれば、いま個室と共同の部屋を持ち、互いに向きあい語り合って絆を結ぶという都市で始まったシェア・ハウスのありようなどに注目してよいであろう。それを都市と農村の間に、国と国の間に拡張していくことができる。都市と農村両方に家を持つことができればよいが、それは難しく限られてくる。そこで国内外に広がるホーム・ステイの延長のごとくして、半年とか一年、たとえ一週間でも、ある都市家庭と農村家庭が互いの家を提供し合い、あるいは都市・農村ともに増大している空き家の公的活用によって、それぞれに住まい合ってみる。いわばチェンジ・ハウスの試みである。それによって、都市と農村、農業と工業、人間と自然のありようの意味や背景、実態と問題、また未知の体験の驚きや喜びを体験し、奥深い真実を知ることができる。それは親しい友人同士などで始まり、組織的な媒介によって発展することができる。都市と農村の間、地域や国の間へと広げていけばよい。それによって場所の多様性、人々の暮らしや居場所の内実、世界の文化・文明の多様性を実感し、その上で互いに強い絆を結ぶことができる。それは〝関係人口〟などをはるかに超える〝複合人口〟とでもいうものである。

それは、いわば極限の移動社会、極限の縁や絆の姿であるが、夢物語ではない。宇宙を目指す前に、試み、広げ、やるべきことかもしれない。まさに草の根次元でグローバル化していく人類の姿ともいえよう。そして私たちは、着土の文化・文明へと至ることができる。

あとがき

本書を書き終えて、改めて現代社会の変化の跡と、農村や都市の困難で混沌とした現実を痛感した。いつの時代も、それぞれの困難と変化の中に置かれてきた。しかし、とりわけ現代は、グローバル化、高度情報化、相互可視化、そして巨大災害を伴う地球温暖化等の中にあって、これまでとは大きく異なり、人類そのものの存亡にかかわる諸問題に直面しているように思われる。

本書では、「居場所」の喪失と創造を焦点として、人間生活の諸状況に迫ろうとした。現在、一人世帯が三分の一を占めているが、高齢者だけではなく、広く若い世代にも及んでいる。グローバル化し、世界的大競争時代を生き抜くため、企業は一日を争う技術開発、効率化のための人員削減、万一の際に備え労働配分率の引き下げと内部留保の増大等々に腐心した。他方で、およそ二〇年も就職氷河期が続き、就職できても厳しい社内競争にさらされ、多くの若者たちが社縁社会からはじき出されてしまったのである。

他方農村は、生産費の低い大農圏との競争、若者たちの離農・離村によって過疎化し疲弊していった。多くの集落が消滅の危機にさらされ、地縁社会としての本質を弱め、心の故郷、魂の故郷であることを辞めてしまった。いや故郷であることができなくなったのである。

こうして都市を支える社縁、農村を支える地縁も薄れ、いずれも人は縁と絆からは遠く、「無縁社会」「薄縁社会」などと呼ばれる孤独の広がりの中にある。核家族化の進行や一人暮らしの増加は、人を血縁からも遠くしてしまった。そこに現れたのが、情報縁とでもいうべきバーチャルな世界であった。とりわけ若者たちはそこに救いを求めたが、温もりのある本質的な孤独の解消とは程遠いものであった。また、世界は物・人・カネが移動してやまない「移動社会」となり、いわばそこここに居場所を作る「多郷の時代」を現出しているようにも見えるが、それだけでは多数の薄縁に生きているというほかはない。

今社会がピッチを上げて向かいつつある高度情報社会＝ＡＩ社会は、生産や分配ひいては人間生活のありようを根本的に変えるような内容を持っており、場合によっては、人間は身も心もＡＩロボットにゆだねてしまう結果となる。

そこでの人間存在のありようや居場所はどのようなものなのか。私は、これまで人類が順次たどり、積み重ねてきた血縁、地縁、社縁、情報縁を絆とし、それらが統合された「複合縁社会」を提示した。とはいえ、都市では社縁の優越する複合性社縁社会、農村では地縁の優越する複合性地縁社会が築かれ、そして都市と農村の適切な交流と結合の上に私たちの居場所があるのではないかと考える。そこは、単に市場社会の延長線上にではなく、ＡＩ時代という未知の社会の中で人間の自律性を失わず、新しい理念と政策によって徐々に形成されていかねばならない。

また市場社会は、自由競争の中で、需給バランスを保ち、創意工夫を促し、経済を発展させるシステムとして認識されてきた。しかし、経済効率だけでは処理しきれない事柄も多く、放置すればさまざまな歪みを生じ、問題を引き起こす。気象・地理等の自然条件の差異に基づき「場所性」を背負い、大農圏の圧迫に苦吟する農業、巨大災害をもたらしつつある後のない地球温暖化、統計的に見ても少子化や孤独の温床となりつつある一極集中、貧困や格差の拡大等々の問題は、「市場の失敗」ともいうべき経済学の限界を露呈するものと言わねばならない。また映像や文字を通じる互いの現実の可視化によって燃え上がってきた嫉妬心や競争心等に基づく国家間・南北間・民族間・宗教間などの諸々の対立や紛争、そして縁と絆に結ばれた人間としてのそれぞれの居場所（故郷）の創造といった問題は、経済を超えながらしかし経済と連動する社会問題である。これらの経済的・社会的諸問題は、「仕事」の新たな意味の追求、公平な富の分配原理の形成、文化的個性と普遍性の統合といった政策理念の構想によって漸次解決されていかなければならない。

私は、これまで農村と都市、地方と中央、農業と工業、自然と人間などの対比を軸としつつ物事を考え、農業、農村、そして農学の課題と方向を追求してきた者として、私なりの考察を試みた。現代社会の向かうべき方向にいささかでも資するところがあれば幸いである。

二〇一九年　八月

【主要参考文献】

複数の章で参考にした文献は、初出の章に記載した。

［第1章］
米山俊直『同時代の人類学』NHKブックス、一九九四年
並木正吉『農村は変わる』岩波新書、一九六〇年
にらさわあきこ『未婚当然時代』ポプラ新書、二〇一六年
祖田修『祖田修著作選集・4―日本のコメ問題論集』農林統計協会、二〇一八年
藤田孝典『貧困世代』講談社現代新書、二〇一六年
堀好伸『若者はなぜモノを買わないのか』青春出版社、二〇一六年
W・リース（阿部照男訳）『満足の限界』新評論、一九八七年
［第2章］
O・F・ボルノー（大塚恵一ほか訳）『人間と空間』せりか書房、一九七八年
荻野恒一『故郷喪失の時代』北斗出版、一九七九年
高橋勇悦『都市化の社会心理―日本人の故郷喪失』川島書店、一九七九年

成田龍一『「故郷」という物語』吉川弘文館、一九九八年

［第3章］

祖田修『祖田修著作選集・3―農学原論』農林統計協会、二〇一七年
西田正規『人類史の中の定住革命』講談社、二〇〇七年
祖田修『長寿伝説を行く』農林統計出版、二〇一一年
米山俊直『同時代の人類学』NHKブックス、一九九四年
柳田国男『定本柳田国男集』16 筑摩書房、一九六九年（都市と農村？）
山崎延吉『山崎延吉全集』6 山崎延吉全集刊行会、一九三五年
横井時敬『明治大正農政経済名著集・小農保護問題』農文協、一九七六年
横井時敬「田舎における都会熱並びにこれが予防策」『大日本農会報』、一九〇一年一月
T. Fritsch: *Stadt der Zukunft*, 1896.
E・ハワード（長素連訳）『明日の田園都市』*Garden City of Tomorrow*, 1898. 鹿島出版会、一九七二年
J・B・シャリエ（有木良彦・田辺裕訳）『都市と農村』白水社、一九六六年
岩本由輝『論争する柳田国男』お茶の水書房、一九八五年
前田正名編『興業意見』農商務省、一八八四年

祖田 修『祖田修著作選集・2―地方産業の近代化構想―前田正名の思想と運動』農林統計協会、二〇一七年
岩本由輝「故郷・離郷・異郷」『岩波講座・日本通史』18巻・近代3 岩波書店、一九九四年
R. Schmidt: *Denkschrift betreffend grundsaetze zur Aufstellung eines General-Siedlungsplanes fuer den Regierungsbezirk*, Duesseldorf. 1912.
祖田 修『祖田修著作選集・1―都市と農村』農林統計協会、二〇一六年
河野健二『経済学入門』ミネルヴァ書房、一九六七年
伊東光晴『ケインズ』岩波新書、一九六二年
祖田 修『近代農業思想史』岩波書店、二〇一三年
経済企画庁一九五六年度『経済白書』一九五七年
［第4章］
祖田 修「都市近郊農民の行動様式」『農林業問題研究』18号 関西農業経済学会、一九六九年六月
［第5章］
乗本吉郎『過疎問題の実態と論理』富民協会、一九九六年
島田裕己『宗教消滅』ＳＢ新書、二〇一六年
水月昭道『お寺さん崩壊』新潮新書、二〇一六年

小谷みどり『ひとり死時代のお葬式とお墓』2017 岩波新書、二〇一七年

[第6章]
労働政策研究・研修機構「企業の転勤の実態に関する調査」二〇一七年

[第7章]
井上智洋『人工知能と経済の未来』文春新書、二〇一七年
小林雅一『AIが人間を殺す日』集英社、二〇一七年
高橋 透『文系人間のためのAI論』小学館、二〇一七年
西垣 通『AI原論―神の支配と人間の自由』講談社選書、二〇一八年
P・クロポトキン(伏高信訳)『田園・工場・仕事場』春秋社、一九二八年
杉村和彦『アフリカ農民の経済』世界思想社、二〇〇四年
塩見直紀『半農半Xという生き方』筑摩書房、二〇一四年

[第8章]
祖田 修『鳥獣害―動物たちとどう向きあうか』岩波新書、二〇一六年
南山城村史編集委員会編『南山城村史』南山城村、二〇〇二年

[第9章]
小田切徳美・筒井一伸編著『田園回帰の過去・現在・未来』農文協、二〇一六年 ほか農文協

「田園回帰」シリーズ
村田廸男・乗本吉郎『イナカ再建運動』日本経済評論社、一九七八年
村田廸男『ムラは亡ぶ』日本経済評論社、一九七八年
［第10章］
島根県出雲市「出雲市多文化共生推進プラン」二〇一六年
早川和弘『天略』三和書籍、二〇一五年
池上甲一『農の福祉力』農文協、二〇一三年
新井利昌『農福一体のソーシャル・ファーム』創春社、二〇一八年
祖田修『市民農園のすすめ』岩波ブックレット、一九九二年
W・レプケ（喜多村宏司訳）『ヒューマニズムの経済学』勁草書房、一九五四年
三木清『三木清全集』七巻　岩波書店、一九六七年
祖田修『食の危機と農の再生』三和書籍、二〇一〇年
秋津元輝・佐藤洋一郎・竹之内祐文編著『食と農の新しい倫理』昭和堂、二〇一八年
祖田修『着土の時代』、『着土の世界』家の光協会、一九九九年、二〇〇三年
W・W・ロストウ（木村健康訳）『経済成長の諸段階』ダイヤモンド社、一九六一年
E・レルフ（高野岳彦他訳）『場所の現象学』筑摩書房、一九九一年

【その他の参考文献】（順不同）
小浜逸郎『人はなぜ働かなくてはならないのか』洋泉社、二〇〇二年
宇沢弘文『人間の経済』新潮新書、二〇一七年
小田切徳美『農村は消滅しない』岩波新書、二〇一四年
P・B・トンプソン（太田和彦訳）『土という精神』農林統計出版、二〇一七年
石井慎二『すばらしき田舎暮らし』光文社、一九八三年
河合雅司『未来の年表』講談社新書、二〇一七年

【著　者】

祖田　修（そだ　おさむ）
1963年京都大学農学部農林経済学科卒業
農林省経済局、龍谷大学経済学部、京都大学大学院農学研究科教授、放送大学客員教授、福井県立大学学長、日本学術会議第6部長等を歴任。
現在、京都大学名誉教授、福井県立大学名誉教授。
専攻は農学原論、地域経済論。

［著書］『農学原論』（岩波書店）（同中国語版・中国人民大学出版社、英語版 Philosophy of Agricaltural Science, Trans Pacific Press ）、『近代農業思想史』（岩波書店）（同中国語版・中国／清華大学出版社）、『地方産業の思想と運動―前田正名を中心にして』（ミネルヴァ書房）、『都市と農村の結合』（大明堂）、『コメを考える』（岩波新書）、『市民農園のすすめ』（岩波ブックレット）、『人間と自然』『大地と人間』（編著、放送大学教育振興会）、『持続的農村の形成』（共編著、富民協会）、『着土の時代』『着土の世界』（家の光協会）、『食の危機と農の再生』（三和書籍）、『鳥獣害』（岩波新書）、『祖田修著作選集』（農林統計協会・刊行中）ほか。

失われた居場所を求めて
――都市と農村のはざまから現代社会を透視――

2019年　8月23日　第1版第1刷発行

著　者　祖　田　修

発行者　高　橋　考
発行所　三　和　書　籍

〒112-0013　東京都文京区音羽2-2-2
TEL 03-5395-4630　FAX 03-5395-4632
sanwa@sanwa-co.com
http://www.sanwa-co.com

印刷所／製本　中央精版印刷株式会社

ISBN978-4-86251-391-5 C0036